www.ingramcontent.com/pod-product-compliance
Lightning Source LLC
LaVergne TN
LVHW021004090426
835512LV00009B/2068

A. LANGLADE

Le Limousin Illustré

Saint-Léonard
et
L'Abbaye de l'Artige

VISITE ARCHÉOLOGIQUE & PITTORESQUE

LIMOGES

IMPRIMERIE NOUVELLE   Place Fontaine-des-Barres

1911

Renseignements divers sur les Communes du Canton

NOM, SUPERFICIE ET POPULATION DU CANTON	COMMUNES	DISTANCE du chef-lieu de la commune au chef-lieu du		SUPERFICIE			POPULATION Recensement 1906	Poste : P. Télégraphe : T. Téléphone : Tph.
		Canton	Arrond.					
		kil.	kil.	H.	A.	C.		
SAINT-LÉONARD	Saint-Léonard..........	»	23	5570	98	26	5985	P. T.
	Champnétery..........	8	30	1082	69	60	918	P. T. Tph.
25.512 hect. 92 a. 19 cent.	Châtenet-en-Dognon.....	9	28	2860	77	95	747	P. T. Tph.
	Eybouleuf.............	8	22	2038	60	49	414	P.
14.276 habitants.	Geneytouse (La)........	10	21	1935	53	97	1051	P.
	Moissannes............	9	31	2463	44	35	736	P.
4.373 électeurs.	Royères-St-Léonard.....	8	17	2380	75	27	666	P. T.
	Saint-Denis-des-Murs....	11	28	2352	82	» »	1202	P. T.
	Saint-Martin-Terressus..	13	21	1742	09	62	934	P. T.
	Sauviat................	12	35	3085	20	68	1623	P. T. Tph.

Route Nationale n° 141, de Clermont à Saintes, par Sauviat, Saint-Léonard, Limoges et Saint-Junien.

COMMUNES	MOYENS DE COMMUNICATIONS	FOIRES	FÊTES PATRONALES FRAIRIES OU BALLADES
Saint-Léonard	Chemin de fer, des voitures ou courriers se dirigent sur La Geneytouse, Sauviat, Le Châtenet.	1er lundi de chaque mois et 22 janvier (St-Vincent), 22 février, 22 décembre, marché le dimanche.	Fête de Saint-Léonard, 1er et 2e dimanches après le 6 novemb. (voir page 26) ; En juin, fête du Commerce et de l'Industrie.
Saint-Martial-de-Noblat (ham.)	Chemin de fer.	....	Fête de St-Martial, le dimanche qui suit le 1er juil. (voir p. 13)
Champnétery	....	....	1er dimanche de la Fête-Dieu
Châtenet-en-Dognon	Courrier : dép. de St-Léonard, 5 h. 30 (m.) dép. du Châtenet, 5 h. 35 (s.).	Dernier samedi de janv., avril, août, octobre.	Le dimanche après le 8 sept.
Eybouleuf	....	....	1er dimanche d'août
Geneytouse (La)	Voiture : départ St-Léonard, 5 h. 20 (m.) départ Geneytouse, 5 h. 46 (s.)	A La Croix-Ferrée, 2e mercredi de janv., fév., mars, mai, sept., nov. et décembre.	15 août
Moissannes	Courrier de Sauviat.	....	15 août
Royères-St-Léonard	Chemin de fer (station Brignac)	....	Le dimanche après le 8 sept.
Saint-Denis-des-Murs	Chemin de fer.	3e samedi de chaq. mois.	Le dimanche après le 8 sept.
Saint-Martin-Terressus	....	....	....
Sauviat	Courrier : dépt St-Léonard, 5 h. 20, midi. départ Sauviat, 9 h. 45 (m.) ; 4 h. 50 (s.)	2e lundi de chaque mois. Marché le dimanche.	Le 2e dimanche d'août, dimanche après la Saint-Martin.

LIMOGES, USSEL, LA BOURBOULE, LE MONT-DORE, ROYAT & CLERMONT-FERRAND

PRIX 3ᵉ cl.		matin	matin	soir	soir	matin	soir		matin	mat.	matin	soir	soir	mat.	soir
» 45	LIMOGES-Bénéd.	4 26	9 3	3 16	6 44	8 25	5 27	CLERMONT	4 48	8 53	11 2	6 26	3 32	6 53	....
» 70	Le Palais........	4 41	9 18	3 31	6 59	8 42	5 43	Royat........ soir	5 4	9 12	11 18	6 42	3 46	7 6	....
» 90	St-Priest-Taurion..	4 51	9 28	3 41	7 13	8 52	5 53	Le Mont-Dore..	1 40	6 20	9 25	12 18	7 35	4 23	7 47	2 20
1 50	Brignac (halte) ..	4 59	9 36	3 49	7 21	9 »	6 1	La Bourboule..	1 59	6 38	9 43	12 36	7 54	4 42	8 8	2 38
1 35	Saint-Léonard.....	5 11	9 47	4 »	7 33	9 12	6 14	Laqueuille.....	2 21	7 16	11 »	1 20	9 5	5 55	8 48	3 10
1 55	Farebout (halte)...	5 18	9 54	4 7	7 40	9 19	6 21	La Cellette.....		7 42		1 47	9 32	6 24		
2 »	St-Denis-des-Murs	5 26	10 3	4 16	7 48	9 27	6 31	Eyguran.de.-Mer.		8	2 11 36	2 13	10 29	6 38	9 30	4 26
2 20	Châteauneuf-Bujal	5 41	10 18	4 33	8 3	9 42	6 47	USSEL... arr. matin	8 31	12 1	2 40	11 7	7	9 58	5 9
2 45	Bussy-Varache....	5 49	10 26	4 41	8 11	9 51	6 55	......dép.	4 12	8 40	12 6	3 52			10 4	soir.
2 85	Eymoutiers.......	6 8	10 44	4 55	8 21	10 2	7 9	Meymac... dép.	4 34	9 3	12 39	4 15			10 26	
3 20	Plainartige........	6 25	11 1	5 12	....		7 26	Jassonneix......	4 41	9 10		4 22	(1)		soir.	
3 50	La Celle-Corrèze ..	6 42	11 16	5 29	....		7 42	Beynat-Ambr...	4 56	9 25		4 37				
3 70	Viam............	6 55	11 28	5 41	....	Jours	7 54	Pérols........	5 15	9 43	»	4 56				
3 95	Bugeat..........	7 2	11 35	5 48	....	de	8 1	Bugeat........	5 24	9 52	1 19	5 5		Jours		
4 40	Pérols..........	7 15	11 46	6 »	....	foire	8 12	Viam..........	5 32	10 »		5 13		de	Dimanches et fêtes jusqu'au 14 octobre	
4 90	Beynat-Ambrugeat	7 35	12 5	6 19	....	(2)	8 31	La Celle-Corrèze	5 44	10 12	1 33	5 28		foire		Jusqu'au 20 septembre inclus
	Jassonneix......	7 46	12 16	6 30	....		8 42	Plainartige....	5 55	10 23	(2)	5 39	soir	soir		Jusqu'au 20 septembre inclus
	Meymac....arr.	7 56	12 29	6 40	880		8 56	Eymoutiers.....	6 23	10 41	2 4	5 57	3 83	6 27		
5 55	USSEL......arr.	8 15	12 48	6 59	mat.		9 15	Bussy-Varache..	6 32	10 50	2 13	6 6	3 42	6 36		
6 45	Eygurande.-Merlines dép.	8 56	1 7	7 11	5 49	3 57	9 34	Châteauneuf-B.	6 42	10 59	2 22	6 15	3 53	6 48		
6 65	La Cellette......	9 28	1 38	7 42	6 19	4 25	10 4	St-Denis-des-M.	6 57	11 14	2 36	6 35	4 15	7 4		
7 55	Laqueuille ...	9 40	2 7	8 2	6 37	(2)	soir.	Farebout	7 5	11 22	2 44	6 43	4 23	7 12		
7 95	La Bourboule	1 12	10 19	2 41	8 36	7 10	5 15	St-Léonard...	7 12	11 31	2 52	6 55	4 31	7 32		
8 60	Le Mont-Dore	1 58	11 35	3 21	9 23	8 1	6 32	Brignac......	7 21	11 40	3 1	7 4	4 40	7 43		
10 45	Royat........	2 12	11 55	3 40	9 42	8 15	6 46	St-Priest-Taur.	7 30	11 48	3 10	7 14	4 48	7 55		
10 70	CLERMONT	2 46	12 25	4 32	10 30	9 15	6 53	Le Palais.....	7 43	12 3	3 22	7 26	5 »	8 12		
		2 56	12 35	4 41	10 43	9 29	7 2	LIMOGES-B...	7 56	12 13	3 35	7 39	5 13	8 23		
		soir.	soir.	soir.	mat.	soir.			matin	soir.	soir.	soir.	soir.			

(1) Ces trains n'ont lieu entre Limoges-Bénédictins et Saint-Léonard que le premier Lundi de chaque mois et le 22 janvier et entre Limoges-Bénédictins et Eymoutiers que le premier Jeudi de chaque mois et le troisième Jeudi des mois de février et de mars.
(2) Jusqu'au 20 septembre inclus entre Eygurande et Clermont et entre Clermont et Eymoutiers.

Hôtel de la Boule d'Or — Hôtel du Grand Saint-Léonard — Hôtel du Champ-de-Mars — Hôtel Vallière
Hôtel de la Poste — Hôtel du Commerce — Hôtel de la Gare

Saint-Léonard

ET L'ABBAYE DE L'ARTIGE

VISITE ARCHÉOLOGIQUE ET PITTORESQUE

AVANT-PROPOS

A une époque où le tourisme sous toutes ses formes est devenu la distraction favorite de tous, où bientôt, n'en doutons pas, les hôtels de notre région, sous l'influence des syndicats d'initiative, seront en état de recevoir confortablement le visiteur, il est utile et même indispensable qu'à l'instar des grands centres, toutes les petites communes, bourgs ou villages, offrant de l'intérêt au point de vue des sites ou des souvenirs du passé, offrent aux promeneurs fantaisistes un guide signalant au moins brièvement, les points les plus pittoresques ainsi que les monuments anciens ou modernes, méritant d'être visités.

Malgré la tendance de l'époque à vouloir tout moderniser, il existe encore, en France, quelques contrées qui ont su conserver leurs monuments, la plupart de leurs mœurs et de leurs coutumes locales. Le Limousin compte parmi ces dernières, et en particulier Saint-Léonard et ses environs.

Mais il faut se hâter, nous jetons ici un cri d'alarme, et prévenons le touriste que si la petite ville de Saint-Léonard chef-lieu de canton à six lieues de Limoges, possède encore de multiples attraits, si elle est la joie de l'artiste par ses merveilleux paysages, le plaisir de l'archéologue par sa remarquable église, ses vieilles maisons et ses ruines pittoresques dont nous essayons de fixer brièvement la physionomie d'après une étude plus complète, elle tend rapidement à se moderniser.

Oublieux que certaines petites villes doivent une bonne partie de leur célébrité artistique aux maisons que le temps a respectées, chaque an qui vient, grandit et meurt, dit M. E. Pilon, entend marquer la ville à son empreinte, il veut la transformer selon ses tendances ; alors il abat les maisons, il élargit les places, il démolit les rues, et, le plus souvent, il en change les noms.

C'est la fin malheureuse réservée à beaucoup d'anciens monuments civils ou religieux. Si nous ne pouvons rien pour conjurer leur ruine, nous voudrions aider du moins à conserver leur mémoire.

Avant de fermer cet avant-propos, avertissons que cette petite brochure a le seul avantage de contenir des fragments d'études d'érudits distingués de la région, comme : MM. Arbellot, du Basty, Boulaud, Ducourtieux, Guibert, Jouhanneaud, etc., qui, disséminés un peu partout, ne sont d'aucun secours à l'amateur de promenades improvisées. Sa seule prétention, en résumant ces études, est d'essayer de rendre service au visiteur et de lui faire apprécier comme il mérite de l'être, ce petit coin de terre charmant et ignoré.

Vue panoramique de Saint-Léonard prise de la Montagne de Clovis

De Limoges à Saint-Léonard

Le touriste de passage ou momentanément fixé à Limoges et désireux d'excursionner à travers le département, pourra fixer son choix sur la curieuse petite ville de Saint-Léonard, l'une des plus intéressantes de toute la région.

En général, toutes les voies ferrées de nos trois départements limousins, construites dans une contrée accidentée, offrent des travaux d'art remarquables et des points de vues ravissants. La ligne de Limoges à Clermont, desservant Saint-Léonard, est particulièrement attrayante, et nous engageons vivement le voyageur à se placer de façon à jouir aisément du charmant paysage qu'elle parcourt.

Le trajet, d'abord banal, commence à prendre de l'intérêt à la petite halte du Palais, commune du canton est de Limoges, autrefois chef-lieu d'une commanderie.

Lentement, comme au gré du touriste, la ligne coupe le splendide parc du château incendié du Mazaud, dont la silhouette se détache lugubre, sur le point culminant.

Saint-Priest-Taurion est relié par un très beau viaduc qui, avec le vieux pont du XIIIe siècle, attribué aux moines de Grandmont, marquent le confluent des deux rivières.

Visible de la gare, le château de la Roche, fort bien situé, est la propriété de M. Borne, notaire à Saint-Léonard Dans les environs, celui de M. Teisserenc de Bort, administrateur et homme politique, est une somptueuse résidence moderne, dans le style de la Renaissance.

De Saint-Priest-Taurion à Eymoutiers, la ligne double constamment les sinuosités capricieuses de la Vienne, dans une contrée à la fois sauvage et riante, toute parsemée de rustiques moulins frangés d'écume et d'îlots verdoyants, s'allongeant au milieu de la rivière, qui donnent à la vallée un aspect des plus frais et des plus gracieux.

Brignac, canton de Saint-Léonard. Halte isolée dans un joli bassin.

A l'extrémité du pont, un chemin monte péniblement à *Royères-Saint-Léonard*; du côté opposé, sur la gauche, il contourne un mamelon élevé, au sommet duquel est assis le splendide château de Brignac. La voie franchit le *Tard*, près de son confluent avec la *Vienne*, puis débouche dans le vallon de Saint-Léonard. Sur la rive gauche, importante usine du Maqueteau, à M. Fraisseix du Bost ; puis, immédiatement, l'unique et très ancienne fabrique de porcelaine, — Les Varaches — fondée en 1849, par M. Emile Pouyat.

Près de l'arrivée, le train s'enfonce dans une courte tranchée, puis s'engage en modifiant son allure, sur le haut viaduc donnant accès à la gare.

Ce beau viaduc a 406 mètres de longueur, il est composé de 22 arches de 15 mètres d'ouverture, dont quelques-unes ont 24 mètres d'élévation.

De ce point, le coup d'œil est merveilleux : à gauche, le regard est attiré par le massif clocher roman de l'antique église qui se dresse fièrement au sommet de la colline. La ville est masquée par la ceinture de ses boulevards qu'ombragent de beaux platanes, qui laissent entrevoir çà et là quelques vieilles constructions. A droite, le panorama est incomparable et retient vivement l'attention du visiteur : on embrasse d'un seul regard tout le faubourg du *Pont-de-Noblat*, enfermé dans un cercle de collines gracieuses et divisé par le cours de la Vienne, que l'on franchit sur deux ponts.

Aux abords de ces ponts et de la route nationale, se dresse un énorme rocher qui commande toute la vallée, et dont le sommet supportait, autrefois, un château plus ancien peut-être que la ville elle-même, et qui, d'après les traditions du pays, aurait servi de maison de chasse aux rois de la première race. Ce château fut démantelé au XVe siècle, on n'y voit plus aujourd'hui que des substructions de murs, qui, avec les modulations et les plis du terrain, peuvent encore accuser les enceintes disparues.

Le Faubourg de Noblat

Si, après avoir contemplé de haut l'ensemble de ce merveilleux panorama, le touriste désire le visiter en détail, qu'il prenne, en sortant de la gare, la route à gauche jusqu'à une grande croix de fer toujours debout. En face, une

Vue Panoramique du Pont-de-Noblat prise des environs du Viaduc

vieille ruelle très rapide, bordée de maisons chenues, courbées, aux charpentes dénudées, donne accès sur le vieux pont. Ce pont, naguère très intéressant, aujourd'hui trop bien reconstruit dans son style primitif du XIIIe siècle, peut attendre que l'injure du temps lui rende avec son ancienne physionomie, sa vieille dénomination. Il se compose de quatre arches en arc brisé se rapprochant du plein cintre ; les piles s'élevant jusqu'au parapet où leur couronnement forme un abri, sont triangulaires, en amont, et carrées en aval.

Sur l'un des avant-becs de ce pont, s'érige, le premier dimanche de juillet, de chaque année, la cabane du roi, où s'accomplissent les rites de l'antique fête de Saint-Martial.

Au sommet du roc qui le domine, sur l'emplacement où s'élevait peut-être le massif donjon, se voit, d'une grande distance, l'arbre du roi, où les confrères de Saint-Martial montent en procession allumer un feu de joie, autour duquel ils dansent en chantant une ronde.

A l'extrémité du vieux pont, sur la route départementale, une petite construction tranformée en habitation privée, dont la porte est surmontée des lettres S. M., accompagnées de la date 1622, rappelle l'antique chapelle dédiée à Saint-Martial, et où se réunissaient, au commencement du XVIIe siècle, les membres de la Compagnie des Pénitents feuille-morte, avant de s'installer avec leurs confrères les Pénitents Bleus, dans la petite église Saint-Jérôme.

Presque au même emplacement, à l'angle des deux routes, s'élève toute blanche et pittoresquement campée à flanc de rocher, la petite église dédiée à saint Martial. Elle est grande comme la main, et sa visite demande à peine quelques minutes.

En contre-bas de la route nationale, court la claire et capricieuse rivière, barrée d'un long sillage d'écume qui se brise aux parois d'un énorme bloc de granit qui, pareil à une proue de navire, divise le courant et commande l'entrée d'un petit îlot ombreux où des moulins rustiques, dans un cadre de légères verdures, se reflètent gracieusement dans l'onde cristalline.

Dès le XIIIe siècle, il s'élevait déjà sur cet emplacement, des moulins à farine, qui appartenaient au seigneur de Châteauneuf.

C'est là, entre ces antiques moulins et la petite église, qu'il est d'usage, depuis une longue tradition, de fêter la Saint-Martial et de courir la bague, un des jeux populaires les plus anciens et les plus recherchés de la province.

La Saint-Martial tombe le 1er juillet. La fête est célébrée et la bague courue le dimanche qui suit cette date.

Pour gagner la ville haute, il faut franchir le pont construit au XVIIIe siècle par M. Alluaud père, sous l'intendance de Turgot, et donnant passage à la route nationale qui monte péniblement jusqu'à Saint-Léonard. A mi-chemin, on peut voir de la route l'élégant château de Maleplane à Mme *Veyrier*, ainsi que la façade alternée de briques et de pierres de la villa *Caillard*, belles habitations modernes, heureusement campées entre la gare et la ville.

Au dernier contour de la route, du côté gauche, se cache modestement la vieille *Fontpinou*, qui avait baptisé l'antique porte de ce nom ; elle existait déjà au temps de Philippe III et de Philippe IV, et continue de nos jours à faire les délices des habitants du voisinage.

Avant de faire le tour de la petite ville et de parcourir rapidement ses vieilles rues, curieux de retrouver les traces de leur passé, disons deux mots de son origine.

Origine de Saint-Léonard

Parmi les villes dont la fondation est attribuée à une inspiration religieuse, l'antique *Nobiliacum* (Noblac), qui prit le nom du solitaire *Léonard* ou *Liénard*, est une des plus antiques ; son berceau remonte aux premiers âges de notre vieille monarchie, la colline sur laquelle elle est bâtie, était un lieu sauvage qu'on appelait alors la « *Forêt Pauvain* ».

On sait que saint Léonard était d'extraction royale. Après avoir vécu quelque temps à la cour du roi Clovis, son cousin, il s'en fut vivre solitaire dans la forêt de Poissy, près de Paris, et vint ensuite en Aquitaine, proche de Limoges, dans la forêt de Pauvain C'est là qu'il construisit un ermitage, et que bientôt la renommée de ses vertus y attira un grand nombre de pèlerins qui s'y bâtirent quelques cellules.

Il mourut dans cet ermitage, âgé d'environ 93 ans.

Autour de la petite église où avaient été déposés les restes du saint ermite, des cabanes vinrent se grouper ; peu à peu, elles furent remplacées par des maisons plus vastes et d'une construction plus solide. Le hameau devint un village, puis un bourg actif et industrieux.

Le culte à Saint-Léonard était des plus répandu. Les miracles attribués à la puissance et aux vertus de ce saint sont légion et ont donné naissance à une foule de légendes et de traditions que la chronique rapporte et que l'histoire atteste plus au moins, ainsi qu'à des pèlerinages qui, déjà célèbres dès le VIIIe siècle, furent le prélude des expositions ou ostensions, en usage à Saint-Léonard depuis le commencement du XV[o] siècle.

C'est, en effet, le 10 avril de l'an 1403, qu'eut lieu la première exposition qui, en réalité, n'était qu'une imitation de celles qui avaient lieu à Limoges depuis le XIIe siècle en l'honneur de Saint-Martial.

A cette date, Bernard de Bonneval, évêque de Limoges, offrit à la vénération des fidèles, le chef de Saint-Léonard, dans une coupe de vermeil, achetée en partie avec les dons généreux des habitants de la ville.

Le terme d' « Ostension » fut employé pour la première fois en 1211, à l'occasion de l'exposition des reliques de l'apôtre d'Aquitaine, et c'est surtout depuis 1519, que le retour septennal de ces cérémonies s'est établi dans le diocèse de Limoges. Donc, tous les sept ans, pendant sept semaines, à partir du dimanche de Quasimodo, jusqu'au dimanche de la Trinité, on exposait les reliques des saints, à la vénération des fidèles, et chaque dimanche durant ce temps, une ou deux des paroisses voisines de Saint-Léonard venaient en procession vénérer ces reliques. C'était alors le curé de l'une de ces paroisses qui chantait la grand'messe et qui, pérégrinant à travers la ville merveilleusement pavoisée de reposoirs ornés de fleurs et de verdures, aux fenêtres décorées de draps de lit choisis parmi les plus fins, de courtes-pointes de soie et de dentelles, portait en procession le chef du saint patron de Noblat, jusqu'à la croix de Champmain, où il bénissait la foule respectueuse, qui suivait en grand nombre.

La régularité de ces antiques cérémonies fut maintes fois interrompue par les troubles, les guerres civiles ou religieuses.

De nos jours, sans être absolument prohibées, ces processions de translation, soumises à l'autorité, c'est-à-dire aux convictions du maire de chaque commune, sont la plupart du temps radicalement supprimées, et sont un préjudice apporté au commerce des petites villes intéressées.

LÉGENDE

Chaque édifice ou immeuble offrant de l'intérêt est indiqué sur le plan par une lettre alphabétique ; les rues et places par un numéro d'ordre.

A) Eglise.
B) Pignon de la maison Fargeaud-d'Epied.
C) Ancien hôpital.
D) Anc^e église St-Jérôme.
E) Gendarmerie (anc. couvent des Filles-N.-Dame).
F) Statue Denis-Dussoubs.
G) Statue Gay-Lussac.
H) Maison où est né Gay-Lussac.
I, J, K, L, M) Vieilles maisons.
N) Restes des anciennes fortifications.
O) Maison dite de l'Ermitage.
P) Maison Regnier.
Q) Vestiges de l'ancienne église Saint-Etienne.
R) Maison avec fenêtres du XVe siècle.
S) Hôpital.
T) Ecole primaire supérieure de jeunes filles (dernier couvent des Filles-de-Notre-Dame).
U) Hôtel-de-Ville.
V) Chapelle de Champmain.

PLACES

13. Place du 14-Juillet.
19. Place Nationale.
21. Place de la République.
22. Place Noblat.
29. Place Gay-Lussac.

RUES

2. Rue de la Poste.
3. Rue des Ecoudières.
4. Rue de la Halle.
5. Rue de la Révolution.
6. Rue de la Liberté.
7. Faubourg de la Liberté.
8. Rue Victor-Hugo.
9. Champ de Foire.
10. Cimetière.
11. Rue Champlepot.
12. Faubourg Champlepot.
14. Rue Georges-Périn.
15. Le Pavé.
16. Rue de la Caserne.
17. Rue de la Gare.
18. Avenue du Chemin-de-Fer.
20. Rue de la Fraternité.
23. Rue de l'Egalité.
24. Passage de la Pyramide.
25. Rue de St-Léonard.
26. Rue du Clocher.
28. Rue Daniel-Lamazière.
30. Rue Gay-Lussac.
31. Rue des Etages.
32. Route de Farebout.
33. Route de Clermont.

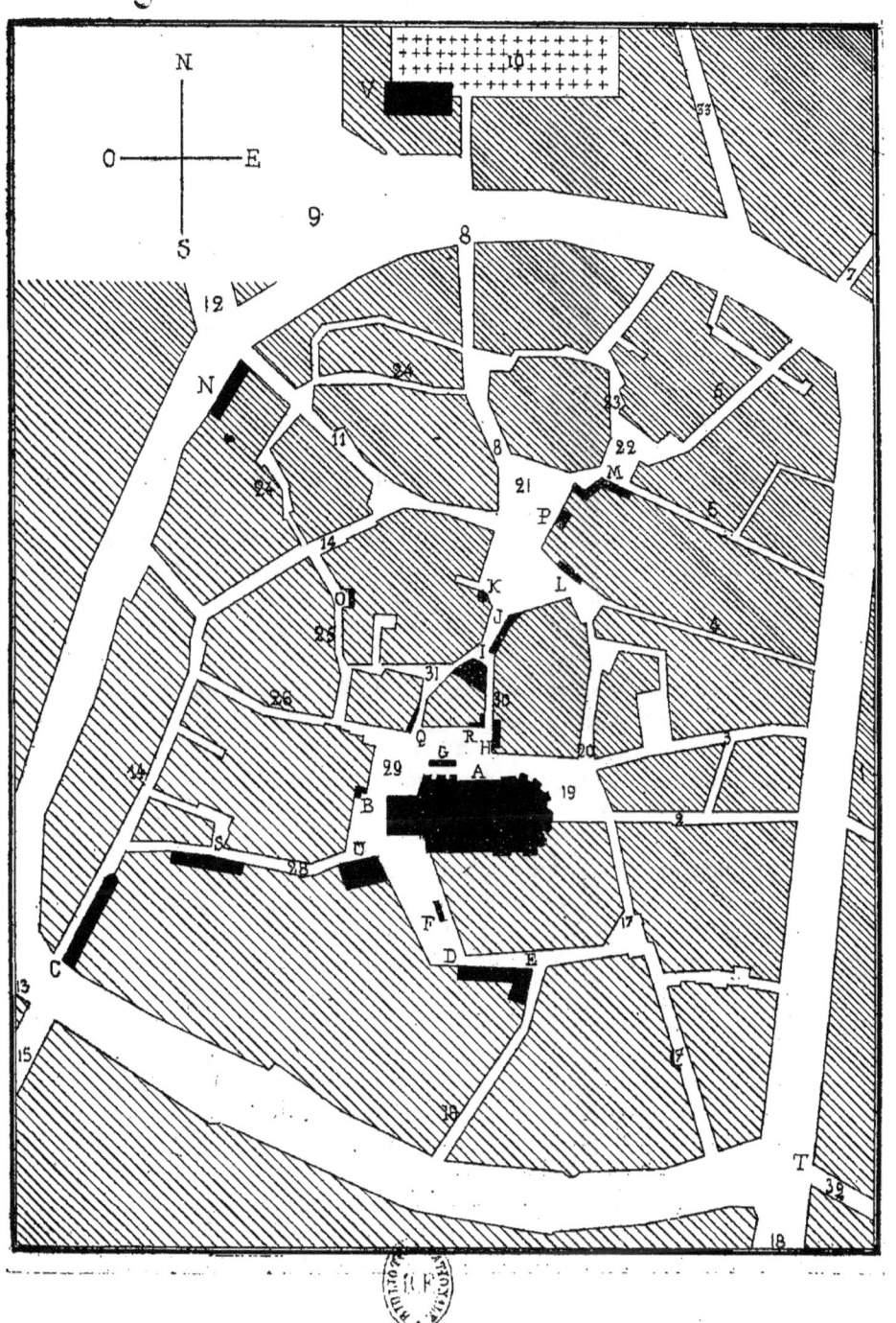

Les Anciennes Fortifications

Les Boulevards - Promenade Circulaire

La construction de la première enceinte paraît remonter au règne de Richard-Cœur-de-Lion. Les murailles furent réparées à plusieurs reprises, notamment à la fin du XIVe siècle.

Les remparts ne comprenaient pas moins de six entrées au XIIIe siècle ; c'étaient les portes *Aumonière*, *Font-Pinou*, *Bouzou*, *Banchereau*, *Champmain* et *Champlepot*. A ces six portes, il faut peut-être ajouter la *Porte-Borgne* qui, d'après le chanoine Arbellot, était située entre celles de Champlepot et Aumonière et s'ouvrait au niveau du rempart, par de solides vantaux de fer. Elle donnait accès à une sorte de souterrain ou caveau qu'un étroit escalier tournant faisait communiquer à une bâtisse primitive, située au fond de l'impasse *Porte-Borgne*, aujourd'hui rue *Rambaud*.

Ce dernier nom rappelle le souvenir d'un jeune officier en garnison à Limoges, qui n'habitait Saint-Léonard qu'accidentellement : le chevalier Arthur de Rambaud, qui fut lâchement assassiné sur cet emplacement par un marchand espagnol, vers le milieu du XVIIe siècle. Sur le plan, la rue Rambaud ne porte pas de numéro d'ordre, c'est celle qui débouche sur le tour de ville, au nord-ouest, entre la lettre N et le n° 13.

Les boulevards, promenade favorite des habitants, bordés de beaux platanes, offrent, du nord au sud, des points de vue ravissants et très étendus. Tracés sur l'emplacement des anciens remparts, ils enserrent toujours jalousement la ville du moyen âge, et ne lui ont pas permis, pourrait-on croire, de prendre de l'extension.

Du point où nous avons signalé la *Font-Pinou*, la route nationale prend le nom de route de Clermont, où nous commencerons notre promenade circulaire qui, se terminant au même endroit, nous permettra de pénétrer au centre de la ville par la rue de la Gare.

Dès les premiers pas, sur la droite, l'école primaire supérieure de jeunes filles retient le regard étonné du touriste par ses proportions trop vastes. Rappelons que ce superbe établissement moderne est le dernier refuge des Filles-de-Notre-Dame ; elles venaient à peine d'en prendre possession lorsque la loi de Séparation les a dispersées.

A gauche, l'hôtel de la *Boule d'Or*, l'un des plus anciens sans doute de la ville et qui jadis eut l'honneur d'héberger un prince et une princesse du sang.

Le 27 juillet 1846, le duc et la duchesse de *Nemours* visitant le Limousin, s'arrêtèrent à Saint-Léonard. Ils furent reçus par les autorités et la garde nationale sous un arc de triomphe, à l'entrée de la ville, et logèrent à l'hôtel de la Boule d'Or.

La fille du maire, Mlle Nancy Veyrier, qui avait offert un bouquet à la duchesse, reçut une broche, et M. La Nouaille de La Chèze, commandant de la garde nationale, une paire de pistolets montés en argent.

L'école communale laïque de garçons, construite il y a vingt-cinq ans environ, borde l'autre côté de la route. Puis débouche la rue de la *Poste*, venant de la place Nationale ; c'est l'ancienne rue du *Pis*, souvent mentionnée dans les textes, dès le XIIIe siècle.

Le faubourg *Paradis*, à l'angle duquel s'élève le banal bureau de poste, en forme le prolongement et semble rappeler la dénomination de l'ancien faubourg. Au siècle dernier, on écrivait communément rue des *Pies*.

A l'angle opposé, faisant face au bureau de poste, très belle maison moderne à M. Descottes, banquier. Nous trouvons ensuite la rue des *Ecoudières*, une de celles parmi les voies secondaires, dont on relève le plus souvent le nom dans les liasses de nos archives. Partant de la place *Nationale* (primitivement carrefour à la *Belarbre* et place de l'*Abbaye*), elle se dirige presque parallèlement à la rue de la *Poste*, et s'arrête comme autrefois sans doute au *chemin de ronde*. Elle était connue aussi sous le nom de *Turfour*, ou (du *Four-Anglaret*) ; on la trouve encore nommée rue de *Turfoux* en 1601 et en 1747 (1).

La rue de la *Halle*, anciennement rue des *Trois-Pigeons*, dont le nom était tiré de l'enseigne d'une auberge située jadis sur la place de la *Halle*, est une des voies les plus étroites de la ville et qui ne paraît pas remonter au moyenâge.

---

(1) Louis Guibert.

Voici la rue de la *Révolution* qui, en dépit de son nom farouche, est simplement la rue la plus commerçante de la ville. Elle portait naguère le nom significatif de *Pauvain*, en souvenir de l'antique forêt de *Pavum* qui couvrait autrefois tout le canton. Entre cette rue et celle de la *Liberté*, le boulevard est bordé d'assez jolis cafés qui, le soir, à l'heure de la promenade, lui prêtent une certaine animation.

On atteint bientôt la rue de la *Liberté* (anciennement *Banchereau*) et son prolongement le faubourg du même nom. A l'extrémité de cette voie ouvrière très populeuse, s'entassent pêle-mêle, les tanneries dont le commerce est très important. Ces vieilles constructions bossuées, branlantes, aux greniers ajourés, tapissés de peaux déchiquetées encore saignantes et séchant au soleil, offrent de la route de Clermont l'aspect d'un étrange et pittoresque ghetto.

A gauche, au fond d'une étroite impasse, vieille et curieuse fontaine en forme de pyramide.

En 1449, le faubourg *Banchereau* ou une section de ce faubourg est appelé de « *Vieille-Vialle* ». *Vialle* est un mot d'un emploi très fréquent dans notre région et qui signifie *Vallée*. A l'angle de la rue de la *Liberté*, en façade sur le boulevard, hôtel du *Grand Saint-Léonard*, dont la structure rustique représente fort bien le type des anciennes auberges d'une époque que nous quittons à peine, et d'où partait, il y a une trentaine d'années, la diligence reliant Saint-Léonard à Limoges par un service quotidien.

On n'était pas toujours certain de trouver une place dans la vieille berline usagée qui sonnait la ferraille, et parfois il était prudent de la retenir à l'avance. Il y avait deux relais, ou pour mieux dire deux haltes : *Le Grand* et le *Petit-Salé*, où l'on s'arrêtait un moment pour laisser souffler les anciens pur sang et permettre aux voyageurs de faire glisser les poussières de la route.

En quittant l'hôtel du *Grand Saint-Léonard*, on gagne en quelques pas l'ancienne rue *Champmain*, qui porte aujourd'hui le nom de *Victor-Hugo* et où existait en 1452, l'hôtellerie de la *Couronne*. Partant de la place de la *République*, elle conduit au boulevard à l'angle duquel une maison solidement épaulée par un massif de maçonnerie, marque l'emplacement de l'antique porte *Champmain*. Elle s'ouvrait en face du plateau aujourd'hui affecté au champ de foire et où à la fin du Xe ou du XIe siècle, les personnes atteintes du mal des ardents s'étaient réunies et furent guéries par l'intercession de Saint-Léonard.

Au nord de ce champ de foire, se trouve la petite église ou chapelle de Champmain et le cimetière. Dès le XIII° siècle, il existait un champ de repos important à Champmain.

La *Chapelle*, qui également existait déjà au XIII° siècle, et depuis fort longtemps peut-être, devint, au XVII° siècle, un simple oratoire où la confrérie des Pénitents-Blancs installa d'abord sa tribune. Après avoir été longtemps une église paroissiale, elle fut réunie à celle de Saint-Etienne, et devint par la suite une simple annexe de la grande église actuelle.

Une compagnie de Pénitents la fit rebâtir en 1815, et la plaça sous l'invocation de Saint-Jean.

De nos jours, cette modeste chapelle ne sert à l'exercice du culte qu'une fois l'an, pour la fête du saint dont elle porte le nom. Sauf son petit portail dont la simplicité dégénère en aridité, elle est complètement dépourvue de style et se dresse, triste et isolée, sur le point culminant de la ville, semblant mendier une restauration pendant qu'on parle de la faire disparaître.

L'incomparable petite terrasse qui précède cette chapelle, véritable lanterne magique où nous avions rêvé l'entourage verdoyant d'un square où les habitants pourraient trouver le repos et le délassement, va, selon un projet qui a chance d'aboutir, être transformée en un vaste champ de repos.

En traversant le champ de foire en diagonale, on tombe directement à la rue Champlepot, l'une des voies laborieuses et actives du moyen âge dont le nom désuet, transmis par les générations successives de nos aïeux, est toujours en honneur.

A l'angle du boulevard, de vieux machicoulis découronnés, seuls vestiges un peu importants de la ville militaire du moyen âge, marquent l'emplacement de la porte Champlepot, mentionnée au XIII° siècle.

La courbe dangereuse qui forme le prolongement de la rue Champlepot, commence le faubourg de ce nom, et conduit en quelques pas à une vieille fontaine qui, avec celle du faubourg Banchereau et la Font-Pinou, alimentaient autrefois toute la ville.

Depuis peu, quelques coquettes maisons bourgeoises sont venues se grouper le long de ce faubourg et se carrent à leur aise entre cour et jardin, indiquant l'amorce d'un quartier tout moderne, dont l'agrandissement projeté du cimetière, va sans doute arrêter le développement.

Toute proche, la jolie villa de M. Audinot, — « Le Bord-du-Trait » — pointe ses gracieuses tourelles coiffées d'ardoises, à l'extrémité du faubourg, en face de la modeste ferme qu'on nomme les « Trois Citrons ». Ce nom, transmis par la tradition, était l'enseigne de l'hôtellerie de Bussy, qui existait là au xviie siècle, et dont le savant M. Arbellot nous a conté l'histoire que nous regrettons de ne pouvoir développer longuement ici. Nous devons nous borner à indiquer brièvement que ce récit, intimement lié à ce que nous avons déjà dit sur la Porte-Borgne, et l'assassinat du chevalier Arthur de Rambaud, avait pour héroïne : Aurélie, fille de l'aubergiste. Cette jeune personne, de santé chancelante, aurait eu l'avantage de percevoir les sons à une grande distance, et qui semblait pouvoir découvrir dans le timbre de la voix des éléments divers de santé ou de force chez les individus qu'elle écoutait et qui lui étaient sympathiques, serait morte au cours d'une de ses promenades nocturnes sur la route de Larbussaud, en entendant, de la Porte-Borgne, le cri poussé par le chevalier Arthur de Rambaud, tombant sous le poignard de l'assassin.

Sur la route de Larbussaud, une petite propriété a conservé le nom de Notre-Dame-des-Prières, et marque le lieu, en quelque sorte sanctifié, où Aurélie rendit le dernier soupir, et où se voyait jadis une petite chapelle élevée à sa mémoire et dédiée à Notre-Dame.

Nous ne saurions dire si la croix de fer érigée au carrefour des deux routes, au lieu dit « Les Tours », et désignée par M. L. Guibert, sous le nom de croix Saint-Thibault, rappelle le souvenir de ce récit, ou si, antérieure à ces événements, elle marquait une délimitation de propriété, d'où serait venu le nom de « Bord-du-Trait », conservé à la villa de M. Audinot.

Indiquons simplement que l'usage d'élever des croix dans les carrefours, à l'entrée des villes ou des villages, était fort répandu dès les premiers temps du moyen âge. La plupart de ces croix de chemins élevées pour conserver le souvenir d'un fait mémorable, en signe d'expiation ou de protection, ou, répétons-le, simplement pour marquer les délimitations des propriétés.

Voici la petite place du 14-Juillet, où s'effrite lentement, à l'ombre des tilleuls, l'ancien couvent des frères mineurs Récollets, religieux réformés de Saint-François. La réforme dite de l'étroite observance, fut introduite dans l'ordre des Franciscains par le bienheureux Jean de la Puébla en 1840. Le nom de Récollets renferme, sans doute, une allusion au recueillement intérieur exigé de ces moines. Ils furent introduits en France, à Tulle et à Murat en 1592. Le couvent de Saint-Léonard fut fondé par Jean Duverdier, sieur d'Arfeuilhe, et de la Bastide, trésorier de France, Barbe Chenaud sa femme, les consuls et les habitants de Saint-Léonard.

La première pierre fut posée le 18 mai 1594.

L'église fut sacrée le 23 novembre 1595.

A une époque que nous ignorons, les bâtiments furent convertis en fabrique de porcelaine, inactive elle-même depuis une vingtaine d'années.

L'ancienne habitation directoriale, aujourd'hui à M. Trapinaud, jouit, sur la vallée de la Vienne, d'un splendide panorama.

En face, au coin de la rue *Georges-Périn*, s'élève la coquette villa moderne de M. Dupeux.

La rue *Georges-Périn*, dont le nom cache celui d'*Aumônière*, est appelée vulgairement *Grande-Rue*, à cause de sa longueur. A l'angle du boulevard, se penche, lamentable, la façade ridée et rechignée de l'ancien hôpital, qui abrite aujourd'hui une manufacture de chaussures.

Son architecture ne comporte aucun faste décoratif ; seules, deux merveilleuses portes romanes, dont les sculptures rongées et moisies par l'humidité et le cours des âges, retiennent longuement l'attention du visiteur ou de l'archéologue.

L'une, dont l'archivolte simple et gracieuse, décorée de deux agrafes ou clefs, est surmontée d'une croix de Malte, accostée de la date 1696. L'autre accède à un vestibule contenant une magnifique rampe d'escalier en fer forgé, contemporaine de la construction, offre dans ses pieds-droits des traces de sculptures que la rouille du temps n'a pas complètement effacées. Elle est surmontée d'une niche qui contenait autrefois une statue de Saint-Léonard.

Cet hôpital fut fondé, dit-on, en 1191. Legros signale son existence en 1263.

Cet édifice, aujourd'hui désaffecté, est peut-être marqué pour s'écrouler bientôt sous la pioche des démolisseurs et il faut le regretter ; car cette bâtisse lépreuse qui sue encore la misère, le mal et la mort par toutes ses fissures, est une antique et vénérable page de granit de notre histoire locale qui concourt à conserver à Saint-Léonard sa très curieuse physionomie et que nous devrions conserver.

Rappelons encore que notre antique petite province, avec ses robustes habitations de granit où, sur quelques-unes, l'art est venu mettre le cachet de son élégance capricieuse : portes armoriées, masques narquois, ornements jetés aux clefs des arcs, le long des consoles de balcons, autour du marteau de fer contourné à la forge, sont autant de détails curieux et particuliers à notre très original coin de terre, ainsi que des sujets d'étonnement pour le visiteur aimant à exercer ses loisirs intelligents, à interroger les choses du passé.

La *Porte Aumônière*, la plus importante de l'enceinte, construite en face du château de *Noblat*, donnait accès à cette rue. Elle devait probablement son nom aux distributions charitables des religieux, ou à l'établissement d'une de ces anciennes aumônes municipales que le chroniqueur de Vigeois assure avoir été fondées vers le temps de la première croisade.

L'exécution des peines corporelles prononcées par les consuls, l'amputation des membres en particulier, avait lieu à la Porte Aumônière.

Au sujet de ces exécutions, signalons dans la rue Georges-Périn, en face de l'hôpital, une petite maison banale dont la porte est surmontée d'un écusson sur lequel se distingue une hache et la date 1683, qui, selon la tradition ou l'imagination locale, serait la maison du bourreau. La date qu'elle porte relève l'erreur de la légende ; nous pensons qu'il s'agit là simplement des attributs d'une profession moins sanguinaire, de celle d'un artisan qui ne coupait que du bois, d'un charpentier par exemple.

L'art imaginatif de la Renaissance a souvent prodigué ces emblèmes, sur les demeures privées : si fréquemment la maison d'un artisan portait les outils de sa profession, de même on pouvait voir sur le logis d'un noble les pièces de son blason, ainsi que sa devise inscrite dans une tablettte, comme à la maison de la rue des Etages. En remontant vers la rue Champlepot, sur la droite, assez curieuse maison construite sur encorbellement avec tour d'escalier, porte et petite fenêtre en accolade du XVe siècle.

En prolongement de la rue Georges-Périn, s'ouvre une voie étroite et très rapide tout enguirlandée de branches capricieuses et qui a conservé sa vieille appellation « Le Pavé »; c'était jadis l'une des principales avenues de la ville, qui partait du pont, et où venaient déboucher tous les chemins qui mettaient Saint-Léonard en communication tant avec la rive gauche de la Vienne qu'avec une partie des territoires de la rive droite.

Aujourd'hui, ce chemin pierreux et fatigant, qui, entre deux haies vives, gravit hardiment la déclivité en prenant par le plus court, n'est plus fréquenté que par les gens pressés.

Plus haut, le premier berceau des Filles de Notre-Dame, aujourd'hui transformé en prison et en caserne de gendarmerie, est un bâtiment de style sobre et solide percé de hautes arcades formant cloître, qui se carre à son aise, sur l'un des points les mieux situés de la ville.

Cette partie des boulevards que nous venons de parcourir, de la chapelle de Champmain à la rue de la Gare, offre des points de vues charmants et variés qui font l'orgueil des habitants et dont les étrangers s'émerveillent. La petite ville, altièrement campée, domine de toute la hauteur de sa puissante tour, un cercle de collines gracieuses, qui s'ondulent et s'entr'ouvrent pour laisser voir d'autres collines faiblement estompées sur la page blanche ou bleue de l'horizon. Au pied de la ville, la Vienne brille par intervalles entre les arches hautes et largement découpées du viaduc et, prenant la direction de Limoges, trace au pied de la verdoyante vallée, ses plus gracieux méandres.

Sur ce même emplacement, de la rue Champlepot à l'ancienne fabrique, il est d'usage, chaque année, pour la Saint-Léonard, de courir ou briser la *Quintaine*, antique réjouissance qui, dit-on, a pris naissance dans les camps romains, et qui était encore en usage dans les académies d'armes au XVIIe siècle. Cette ancienne et pittoresque coutume, interdite pendant quelques années, a été rétablie en 1910, à la satisfaction générale des habitants, qui savent sans nul doute que, sites, vieilles maisons et vieilles traditions sont des réclames infaillibles pour attirer les étrangers dans leur localité. Le clou de la fête est, avec les rites qui s'y rattachent, la destruction d'une petite forteresse en bois, avec tourelles d'angle, ayant pour but d'évoquer la **prison** dont saint Léonard délivrait les détenus.

Rappelons que les débris de la Quintaine sont disputés avec avidité ; ils jouissent, paraît-il, auprès des paysans des environs, d'un avantage souverain contre la stérilité des femmes, ils préservent de la foudre et font pondre les poules.

La fête de Saint-Léonard tombe le 6 novembre ; elle est célébrée à l'église le dimanche suivant, et la Quintaine courue le deuxième dimanche après la fête.

La veille a lieu la sonnerie dite des « Deniers », ayant pour but de symboliser la chute des chaînes des prisonniers.

La Porte *Font-Pinou*, servait de prison communale. Elle est mentionnée au temps de Philippe III et de Philippe IV. Elle tirait son nom du voisinage de la fontaine déjà citée. La rue du même nom, aujourd'hui de la Gare, par laquelle nous pénétrerons au centre de la ville, aboutissait à cette porte et commençait au carrefour « A la Bel-Arbre », qui se trouvait probablement sur la partie Est de la *Place Nationale* actuelle, autrefois place de l'Abbaye, au débouché de la primitive rue de la Halle.

La rue de *Font-Pinou*, ou tout au moins la partie la plus voisine du rempart, est désignée au XVe siècle, sous la dénomination de rue « le Long-du-Mur ». Ce qui peut faire supposer qu'elle n'aboutissait peut-être pas directement comme de nos jours au tour d'enceinte, mais qu'elle pouvait former un coude longeant le rempart intérieur, pour gagner la porte de ce nom, qui pouvait s'élever entre deux tours sur l'ancien emplacement de la rue de la Caserne. L'alignement de celle-ci, a fait disparaître il y a quelques années, une des bases de ces tours. L'autre qui existe toujours étroitement soudée au mur du jardin de Rigoulène, se cache sous un lierre épais et vivace, qui ronge ses vieilles pierres disjointes et friables. Il faut tenir compte qu'au XVe siècle, l'avenue du chemin de fer, aujourd'hui le principal débouché de la ville, n'existait pas encore. Au contraire, un ancien plan nous montre un tronçon de route, aboutissant devant la gendarmerie, en face de la base de tour, supprimée pour cause d'alignement.

Armes de Saint-Léonard

Saint-Léonard porte : d'azur, à l'entrave de prisonnier d'argent posée en fasce, accompagnée de 3 fleurs de lys d'or, 2 en chef et 1 en pointe.

Sous l'ancien régime, vers la fin du XVIIe siècle, le fisc, toujours en quête de matière imposable, prescrivit l'enregistrement des armoiries portées par les villes, les corps et les particuliers. Saint-Léonard, comme bien d'autres villes, manqua d'empressement pour se soumettre à cette formalité et les commissaires du juge d'armes, Charles d'Hozier, afin de percevoir la taxe à la caisse municipale, lui imposèrent d'office des armes dont elle ne fit jamais usage. Ces armes étaient : « D'azur, au lion passant d'or en chef, et 2 arcs de même cordés d'argent et posés en sautoir en pointe. »

L'inscription fut faite à l'armorial de France, le 9 juillet 1700.

Les habitants de Saint-Léonard sont surnommés *Miaulétous* ; ils tirent ce surnom baroque d'un oiseau de mœurs crépusculaires nommé buse. A la nuit tombante, un grand nombre de ces oiseaux tournoyaient autour de l'ancien clocher qui leur servait d'asile, et poussaient le cri caractéristique qui les fit eux-mêmes surnommer *Miaules*. Les petits s'appellent *Miaulétous* ; ce qui fit dire en parlant des habitants : — Il est du pays de la *Miaule*, c'est un *Miaulétou*.

Aspect Général de la Ville

Industrie

Saint-Léonard, aujourd'hui chef-lieu de canton de l'arrondissement de Limoges, formait avant 1800 avec Le Dorat, Bellac, Saint-Junien, Limoges et Saint-Yrieix, l'un des six chefs-lieux de districts que comprenait le département de la Haute-Vienne. La loi du 28 pluviose an VIII (17 février 1800), le réduisit à quatre arrondissements seulement ; le district du Dorat fut fondu dans l'arrondissement de Bellac, et celui de Saint-Léonard dans l'arrondissement de Limoges.

Elle est parmi les communes qui, pendant la Révolution, changèrent ou modifièrent leurs noms. Elle porta pendant un moment celui de Tard-Vienne, tiré de ses deux cours d'eau.

Sa population en 1801, était de 4.815 habitants, et de 5.895 au recensement de 1906.

Saint-Léonard est une de ces petites villes qui arrêtent le voyageur. Comme Bellac, Uzerche, Turenne et tant d'autres de notre région, elle est très agréablement située au sommet d'une colline de 400 mètres d'altitude, dans un site pittoresque et charmant.

Elle compte parmi celles de notre Limousin, qui ont le mieux conservé l'empreinte des temps passés.

A l'intérieur, la ville est de faible étendue : vingt minutes tout au plus suffisent pour parcourir le tour de son enceinte, et cinq à six minutes pour la traverser dans sa plus grande étendue.

Ses rues sont étroites et très irrégulières et aboutissent toutes à trois points principaux : les places *Gay-Lussac*, de la *République* et *Noblat*.

Elles sont généralement bordées de vieilles constructions dont les combles en tuiles percées de lucarnes, chaperonnent et ombrent la pierre de leur nuance rougeâtre. Quelques-unes flanquées de tours anciennes, aux fenestrages délicats, sont curieusement chevronnées ou ornées de niches abritant des statues de la vierge et de Saint-Léonard, comme à la maison de l'ermitage et à l'ancien hôpital. C'est un véritable charme pour le visiteur d'errer à l'aventure parmi ses rues anciennes aux silhouettes pittoresques et tourmentées, serrées autour du vieux clocher. Partout, à chaque pas, le regard s'arrête à contempler de vieux murs lézardés où s'accrochent encore çà et là, des vestiges, des motifs d'ornementation dont les sculptures trop souvent mutilées sont curieuses : armoiries, corniches, rinceaux, mascarons et modillons épargnés par la manie du changement ou de la destruction et qui sont des monuments très dignes d'attention des lointaines époques de l'histoire locale.

Presque toutes les ouvertures de ces vieilles demeures sont percées en ogive, qui offrent fréquemment dans leur partie supérieure des courbes savantes et des enroulements gracieux habilement façonnés et contournés sur l'enclume des noirs ferronniers du moyen âge.

Beaucoup de ces ogives sont aujourd'hui masquées par des devantures de bois, moyen ingénieux, pratiqué par les commerçants de la localité, pour les transformer en magasins coquets qui, sans espoir de moderniser la ville, lui ôtent en partie son charme et son caractère.

Au XIIIe siècle, Saint-Léonard possédait quelques monuments notables attestant de son importance. L'ancien hôpital toujours debout et le pignon de la maison Fargeaudd'Epied, sont avec les ornements architectoniques disséminés un peu partout, les seuls vestiges de sa splendeur passée. Aujourd'hui, sauf sa belle église et ses écoles modernes, elle ne renferme aucun édifice ancien ou nouveau, pouvant répondre aux goûts et aux exigences de notre époque.

La petite ville ne manque pas d'activité commerciale et industrielle. Dès le XIIIe siècle, dit M. L. Guibert, « le commerce prit un certain développement. Le travail des métaux et la préparation des cuirs sont dès lors son aliment principal. Ces deux industries, auxquelles il faut joindre la fabrication du papier qui paraît ne s'être pas établie dans le pays avant le XVe siècle, peut-être même avant la fin du siècle suivant, étaient au moment de la Révolution la principale source de la prospérité de la ville. Au XVe siècle, des poêliers et des conchers de Normandie viennent s'établir à Saint-Léonard, dont les ateliers ont une assez grande renommée dans la région du centre et fournissent, aux XVIIe et XVIIIe siècles au moins, des objets de dinanderie : chenêts, coffrets, ornements, vases, forts intéressants.

» On trouve même dans la ville des orfèvres ; il n'y en

a pas moins de trois, exerçant à la fois leur profession, dans les premières années du règne de Louis XIV. »

De nos jours, l'art de l'orfèvrerie y est complètement ignoré, et le travail des métaux n'y est exercé que par de rares artisans ; par contre, les tanneries s'y sont développées, et les fabriques de papier y ont pris une grande extension. En outre, des nombreux moulins échelonnés le long des deux rivières, les fabriques de la Société des Papeteries du Limousin et de M. Freisseix-du-Bost, à Farebout, Sempinet et Maqueteau, sont très importantes.

Si on joint à ces industries celles de la porcelaine et de deux manufactures de chaussures qui emploient un grand nombre d'ouvriers des deux sexes, on voit que Saint-Léonard a conservé l'aliment nécessaire à sa prospérité.

Il y a une vingtaine d'années, elle s'occupait aussi avec avantage de la fabrication des chapeaux.

Au Pont-de-Noblat, se trouve une station d'étalons de l'Etat provenant des haras de Pompadour ; la situation est admirable pour l'élevage, car les produits sont merveilleux.

Saint-Léonard étant devenu le centre de l'élevage des départements environnants, la Creuse et la Corrèze, des concours ont lieu chaque année, en mai, où les éleveurs des trois départements : Haute-Vienne, Creuse et Corrèze, rivalisent en amenant, chaque fois, des produits de toute beauté.

Aux environs, au lieu dit *Puy-les-Vignes*, il y a une mine exploitée de Wolfram, où il a été trouvé des parties d'or et d'argent et qui déjà était signalée en 1806, par le sénateur et chimiste Darcet.

N'oublions pas de rappeler que la petite ville est fameuse par ses friandises : pâtisseries fines, massepains et pruneaux confits, dont les pâtissiers se sont fait une spécialité, sont d'une renommée proverbiale.

Écrivains - Hommes célèbres

Enfermé dans les étroites limites d'un cadre adopté, nous devons être bref et sinon supprimer, beaucoup élaguer.

XIe SIÈCLE

Jourdain de Laron, prévôt de Saint-Léonard, évêque de Limoges, né aux environs de la ville.

XIIIe SIÈCLE

Guillaume de Saint-Léonard, religieux de La Mercy.

XVIe SIÈCLE

Jean d'Alesme, conseiller au Parlement de Bordeaux, et Léonard d'Alesme, son neveu, premier président au même Parlement.

XVIIe SIÈCLE

Jean Rougerie, carme déchaussé, dit en religion Bernardin de tous les saints, auteur d'une vie de saint Léonard.

Dom Léonard De Massiot, bénédictin, auteur d'un savant ouvrage.

Léonarde De la Croix, carmélite, née Du Verdier.

XVIIIe SIÈCLE

Mabaret du Basty (Joseph), savant théologien, biographe distingué, auteur de plusieurs éditions du Dictionnaire de Moréri, et de nombreux articles insérés dans les Mémoires de Trévoux, mort en 1783.

L'abbé Oroux, auteur d'une vie de saint Léonard, pleine de critique et d'érudition.

Tandeau de Marsac (François-Bruno), docteur de Sorbonne.

Tandeau de Saint-Nicolas (Gabriel), neveu du précédent, conseiller clerc au Parlement de Paris, chanoine d'Aurillac.

XIXe SIÈCLE

Gay-Lussac (Joseph-Louis), né en 1778, célèbre physicien et immortel chimiste qui entreprit, avec Biot, en 1804, une ascension de 4.000 mètres en ballon pour vérifier comment se comportait l'aiguille aimantée à mesure qu'on s'élève au-dessus du sol, et, trois semaines après, entreprit seul un nouveau voyage. Il s'éleva, cette fois, à 7.016 mètres de hauteur. Il reprit les expériences et de plus, il recueillit de l'air à 6.636 mètres, afin de l'analyser.

En 1831, Gay-Lussac reçut du département de la Haute-Vienne le mandat de député et Louis-Philippe l'appela à la Pairie, mort en 1850.

GAY DE VERNON (Honoré), né en 1748, mort en 1822. Curé de Compreignac au moment de la Révolution ; élu évêque constitutionnel en 1791 ; envoyé la même année à la Législative, puis à la Convention ; il fut ensuite réélu par la Haute-Vienne et entra aux Cinq-Cents.

GAY DE VERNON (Simon-François, baron), frère de l'évêque constitutionnel, général, né en 1760, mort en 1822. Il servit comme major général à l'armée du général Houchard, et fut emprisonné sous la Terreur. Bonaparte le désigna commandant en second de l'Ecole polytechnique, mais ne l'employa activement qu'en 1812. Louis XVIII le nomma maréchal de camp.

Théoricien estimé, il a laissé plusieurs traités sur la fortification.

FARGEAUD, professeur de physique, doyen de la Faculté des sciences de Strasbourg, qui fit poser les premiers paratonnerres sur la cathédrale de cette ville. Il est l'auteur d'un petit travail sur Saint-Léonard, qui n'a pas été publié.

MAGY, professeur de philosophie, auteur d'ouvrages estimés.

ARBELLOT (François), né le 20 décembre 1816, fit ses études au collège de Felletin. Ordonné prêtre le 22 décembre 1839, il fut successivement vicaire à Saint-Junien, puis nommé, en 1856, à la cure et à l'archiprêtré de Rochechouart, qu'il ne quitta qu'en 1877, pour devenir chanoine titulaire de la cathédrale de Limoges.

Président de la Société archéologique et historique du Limousin pendant près de vingt-six ans, il a publié de savants ouvrages estimés dans toutes les sphères de l'archéologie et de l'érudition.

MOUNIER (Léonard-Léon), né le 25 mars 1841, décédé à Périgueux, le 1er avril 1906.

Elève à l'école spéciale de Saint-Cyr, 1861. Promu sous-lieutenant, 1er octobre 1863, il franchit successivement tous les degrés de la hiérarchie militaire. Nommé au commandement de la 24e division d'infanterie à Périgueux, le 28 mai 1902, il fut placé dans le cadre de réserve le 25 mars 1906.

Le général Mounier comptait plusieurs campagnes en Afrique, ainsi que celle de 1870. Il était décoré de la médaille coloniale avec agrafe « Afrique », et commandeur de la Légion d'honneur, du 11 juillet 1903.

Parcours Intérieur

Par la rue de la *Gare* on gagne directement la place Nationale, d'où il ne faut pas manquer d'admirer la précieuse abside de l'église qui caractérise le dernier effort de l'art roman expirant à la fin du XIIe siècle. Les arcs-boutants, d'invention propre au style ogival, qu'on y remarque, sont une addition du XVIIe siècle, pour soutenir la voûte exhaussée du chœur.

Ici, la rue de la *Gare* prend le nom de *Fraternité* qui, croyons-nous, n'est autre que la rue des *Trois-Pommes* du XIIIe siècle ; elle aboutit en droite ligne à l'ancienne rue des *Trois-Pigeons*, aujourd'hui de la *Halle*, où on regardera avec intérêt des dessus de portes à savants entrelacs dont les enroulements gracieux témoignent de l'habileté et de l'inépuisable fantaisie de nos vaillants forgerons du XVIIe siècle.

Un demi tour à gauche suffit pour examiner attentivement la curieuse maison de M. Constant qui, à l'angle de la rue, hausse comme un solide contrefort jusqu'aux combles à charpentes, son antique tourelle carrée, portée sur encorbellement, l'une des trop rares constructions du XVe siècle, que nous ayons à signaler.

A quelques pas seulement s'étend l'ancienne place du *Marché* (aujourd'hui de la *République*), dont le nom indiquait fort bien l'affectation. C'était, en effet, sur cette place que se trouvait l'ancienne halle ; elle s'élevait devant la maison de M. Liéger, et formait un rectangle dont l'un des petits côtés regardait la rue Champmain (Victor-Hugo), tandis que l'autre était en façade de la rue Champlepot.

Les bancs occupaient les arcades au rez-de-chaussée d'une maison qui a été remplacée par celle de M. Faucher, formant l'angle opposé de cette même rue.

M. L. Guibert signale la pierre *Sabottière*, qui se trouvait près de l'entrée des halles, et qui servait probablement aux étalages des marchands de sabots, ou qui devait peut-être son nom à sa forme.

Entre les rues de la *Révolution* et de la *Halle*, il faut examiner attentivement la maison de M. Régnier, pharmacien, dont la façade offre d'imperceptibles ornements, gravés au trait, d'un sentiment tout antique et dont les figures, d'un dessein rudimentaire, peuvent être attribuées sans trop de hardiesse, au XIIe siècle, peut-être même au siècle précédent.

Relativement à cette ancienne place du Marché, dont peut-être on a eu tort de changer le nom, rappelons aux visiteurs, qu'autrefois toutes les rues et places de la ville portaient de vieilles dénominations caractéristiques ou pittoresques, remplacées de nos jours par des noms plus fameux qu'ignorent ou confondent facilement la plupart des habitants. C'est que s'il est facile de débaptiser des rues, il l'est moins de graver leurs nouveaux noms dans la mémoire des hommes. « Vieux noms, vieilles maisons, tout s'en va, dit Mme Marcelle Tinayre, en parlant des rues de Tulle. Je suis née place Municipale, dit-elle, et j'aurais pu naître place de l'Aubarède. Je ne m'en consolerais jamais. »

Cette place communique avec celle de *Noblat*, par un passage resserré, où on verra avec intérêt, à l'angle de la rue de la Révolution, l'une des plus curieuses maisons de la ville. Sa belle façade de granit qui accuse le XIIIe siècle, ou peut-être le XIVe, a, malheureusement, pâti du vandalisme commun dans la localité à tous les vieux immeubles offrant quelque intérêt au point de vue de l'art. Les élégantes fenêtres géminées qui régnaient au premier étage, et qui étaient la répétition de celles de l'étage supérieur, ont depuis longtemps et pour un peu de lumière sans doute, fait place aux banales ouvertures rectangulaires qu'on y voit aujourd'hui. Ses larges baies percées en ogive, sont également transformées en un très coquet magasin, où s'offrent, sur des rayons de verres, de fines pâtisseries et de succulentes friandises. Seule, la salle où se fait la manutention a conservé son porche primitif et renferme, à l'intérieur, d'assez intéressantes sculptures

La place *Noblat* occupe les terrains de l'ancien marché aux vaches, affecté à cet usage dès le XIII⁰ siècle. De cette petite place, la rue de l'*Egalité* monte en tournant rapidement jusqu'à la rue *Victor-Hugo*. C'est l'ancienne rue de la *Pialle* (de la Paille ?) dont on ne connaît aucune mention antérieure à 1650.

A son débouché dans la rue Victor-Hugo, un peu à gauche, s'ouvre, sous une voûte, une étroite et longue ruelle bordée de maisons sans caractère, conduisant aux rues Champlepot et Georges-Périn. C'est le passage de la *Pyramide*, dont l'hôtel du même nom, construit sur encorbellement, se trouve à l'angle de la rue Champlepot.

A son extrémité, s'ouvre, dans la rue Georges-Périn, la rue de *Saint-Léonard*, où s'offre, modestement, la maison dite de l'ermitage, ornée d'une niche contenant une statue du patron de la ville et où coule, dans sa cave, une source qui va sortir dans un pré, au-dessous de l'ancien couvent des *Récollets*, où elle prend le nom de *Fount-au-Praï*. C'est sans nul doute à cette source, et non à celle de *Fraulard*, ainsi que le veulent nos contemporains, que doit s'appliquer la légende, qui rapporte que saint Léonard servant la messe à Saint-Rémi, y aurait puisé du vin.

En suivant la rue Georges-Périn, à droite, on arrive bientôt à la rue du *Clocher*, qui a fort bien conservé sa physionomie du moyen-âge ; l'air, l'aisance et la propreté y ont à peine pénétré. Mentionnée dès le XVI⁰ siècle, elle était indifféremment appelée rue Notre-Dame-de-sous-les-Arbres, de Sous-la-Chapelle, de Notre-Dame-sous-l'Arbre, ou bien simplement rue de Sous-les-Arbres, et devait son nom à la petite église de Notre-Dame, près de laquelle elle débouchait et qui occupait l'emplacement compris entre la rue des Etages et la rue de Saint-Léonard.

C'était une construction peu importante et la plus ancienne de la ville. Elle avait été fondée par le patron du lieu lui-même, et avait servi de chapelle aux solitaires qui en furent les premiers habitants.

Après la mort de saint Léonard, son corps fut inhumé à Notre-Dame, sous l'autel. Il y demeura pendant plusieurs siècles ; on le transporta dans la grande église après son achèvement, mais son tombeau de marbre vert, dont on peut voir un vestige au fond du transept sud de l'église actuelle, demeura dans le vieux sanctuaire jusqu'au XVII⁰ siècle.

Il y existait plusieurs vicairies et chapelles particulières ; on y voyait notamment : « La chapelle, monument et sépulcre » des seigneurs du Muraud.

En quittant la rue du Clocher, il faut se diriger, en passant devant le portail de l'église, vers une petite place ombragée de tilleuls, au centre de laquelle a été érigé un buste de Denis-Dussoubs, par Cappellaro, transféré de Limoges sur cette place en 1891.

En face, à l'angle de la rue Daniel-Lamazière, se trouve médiocrement installé l'hôtel de ville, dont il n'y a rien à dire.

Au fond de cette place minuscule, entre le bâtiment prolongé de l'hôtel de ville et la gendarmerie, s'encadre une petite construction à antique façade, contenant une belle porte renaissance. C'est l'ancienne église Saint-Jérôme, où les pénitents bleus et feuille-morte installèrent leur tribune, et où ils étaient encore ensemble au milieu du XIX⁰ siècle, époque où cette chapelle devint l'école des frères de la doctrine chrétienne ; ils furent alors transférés dans l'église paroissiale, chapelle Sainte-Croix, aujourd'hui désaffectée.

Après avoir jeté un rapide coup-d'œil sur la façade sombre et rébarbative de la gendarmerie, le visiteur revenant sur ses pas, s'attardera à examiner curieusement un mur séculaire, faisant face à la mairie, et utilisé par la maison Fargeaud-d'Epied, à laquelle il sert d'acte de naissance. Ce mur, restauré il y a quelques années, présente d'élégantes arcatures géminées qui marquent l'aurore du siècle qui vit naître tant de merveilles architecturales. Les jours percés pour l'éclairage ont fait disparaître quelques-unes de ces très intéressantes arcatures. Aujourd'hui, elles sont toutes murées, et leurs doubles nervures, fouillées dans cette rude pierre de granit si rebelle aux finesses de l'outil, décorent gracieusement l'extérieur.

A quel édifice important situé vers cet endroit doit-on affecter cette épave menue et charmante qui divise l'opinion des archéologues, premier hôtel de ville, cloître, ou maison de l'évêque dite « salle épiscopale » ? Sans essayer d'élucider la question, laissons-la telle quelle, après l'avoir indiquée.

Place *Gay-Lussac*, à l'origine la Grande Place, Place Commune, était au moyen âge le centre des affaires et de la

Carrefour Gay-Lussac (un coin pittoresque)

vie politique. Là étaient dressés les étaux des bouchers, disposés comme à Limoges, sur plusieurs lignes parallèles. Au xv⁰ siècle, cinq ou six documents mentionnent la rue *d'Entre-les-Etages* ou les *Etaux*, qui est probablement l'amorce de la rue actuelle et où l'on distinguait, en 1426, une maison appelée *de l'Aigle*. De cette rue d'Entre-les-Etages, partait une autre voie aboutissant à la même époque à l'hôtel de la dame de Laront (1).

Plusieurs notables édifices décoraient cette place. C'était d'abord la grande église de Saint-Léonard avec le cloître qui y était attenant. Les bâtiments réguliers ont disparu depuis longtemps. Ils s'étendaient derrière l'abside de l'église, et au sud-est surtout. C'était l'église paroissiale de Saint-Etienne dont on peut voir encore quelques vestiges sur la maison formant l'angle de la rue des Etages. La partie supérieure conserve le cintre d'une fenêtre romane et au premier étage, court sur toute la longueur de la façade, un cordon de granit supporté par des masques humains et des animaux fantastiques, rébarbatifs et grimaçants.

Au centre de la place s'élève une fontaine monumentale aux armes de Saint-Léonard, surmontée d'un buste de Gay-Lussac, d'après la statue d'Aimé Millet, inaugurée en 1896. A droite, se voit la maison où naquit le célèbre physicien et chimiste, la gloire de la localité. Une plaque commémorative y a été posée vers 1865.

A l'angle opposé, belles fenêtres surmontées d'arcs en accolade du xv⁰ siècle.

Le visiteur curieux qui voudra garder un souvenir presque exact de la physionomie de la ville du moyen âge, devra prendre par la rue Gay-Lussac où, sur la droite, s'offre au-dessus d'un magasin, une figure humaine, dont les paupières closes et la machoire fracassée donnent une physionomie macabre, et qui provient sans doute d'un édifice disparu.

Revenu à la place de la République, qu'il examine attentivement les trois vieilles maisons qui forment là un étroit carrefour : celle de droite, à l'angle de la place, montre une belle porte renaissance dite à « tabernacle » accostée de deux colonnes supportant un fronton, ainsi qu'une fort jolie tourelle en encorbellement, bien conservée.

---

(1) **Louis Guibert.**

Celle du fond, formant le sommet du triangle, paraît remonter au XVe siècle. Elle est construite sur encorbellement, ce qui permet d'avoir à l'étage supérieur une surface sensiblement plus grande que celle qui occupe le rez-de-chaussée. Dans cette dernière partie, cette maison a fort bien conservé son cachet d'origine rustique.

La construction de sombre granit qui regarde la tourelle ronde est, à notre sens, la plus remarquable des vieilles constructions de Saint-Léonard. C'est un charmant reliquaire du passé sur lequel, par malheur, le génie des moëllons a laissé plus qu'ailleurs sa regrettable empreinte. Le rez-de-chaussée a conservé ses grandes baies à cintre brisé, mais la partie supérieure, du côté de la place surtout, a été modifiée de façon bien regrettable. Comme à celle déjà citée de la rue de la Révolution, avec laquelle elle offre un lien étroit de parenté, ses ouvertures ont été murées et refaites au goût du jour. Le côté de la rue Gay-Lussac, bien qu'également mutilé, offre encore à l'œil ravi du connaisseur des restes très intéressants des élégantes fenêtres géminées qui, jadis, s'alignaient étroitement accolées sur l'antique façade. Elles sont séparées deux à deux, par de petits pilastres à chapiteaux, et les retombées s'appuient sur de fines colonnettes communes, gracieusement couronnées.

Malgré les dégradations sans nombre que, simultanément, le temps et les hommes ont fait subir à ces épaves toujours vigoureuses de l'art du moyen âge, nous pensons pouvoir assigner à celles que nous venons d'indiquer, sans tomber dans la manie de reculer les dates, un âge approximatif variant entre les XIIIe et XVe siècles.

Ces trois vieilles demeures groupées là, sur cet infime espace, au pied du vieux clocher qui semble un protecteur et les domine de toute la hauteur de sa puissante tour, forment un coin original et pittoresque qui, à lui seul, caractérise l'ensemble et la physionomie archaïque de la petite ville, et que le touriste ne doit pas manquer de visiter.

Dans la rue Gay-Lussac, que nous venons de quitter, signalons aux visiteurs désireux de faire revivre par l'image le souvenir de leur charmante excursion, le magasin de Mme Chillou-Dumas, où ils trouveront une très complète collection de cartes postales, représentant dans ses moindres détails, la ville et ses environs.

Au n° 5 de la rue des Etages, dans la partie appelée autrefois rue Saint-Eloi, à voir une vieille porte armoriée, dont l'écusson est des plus curieux.

De retour à la place Gay-Lussac, nous terminerons notre visite par la remarquable église romane, le morceau de choix, véritable surtout d'art sur une table rustique.

L'Église

Dans le principe, l'église de Saint-Léonard avait le titre de collégiale, c'est-à-dire qu'ayant un chapitre de chanoines primitivement réguliers et ensuite séculiers, elle occupait en dignité une place de second rang. Soumise, après la Révolution, à la juridiction spirituelle d'un curé, elle est aujourd'hui simple église paroissiale, et n'occupe dans la hiérarchie ecclésiastique qu'un rang de troisième ordre.

Classée parmi les monuments historiques, elle offre un des types les plus remarquables de l'architecture en Limousin.

Commencée vers le milieu du XI° siècle, elle fut achevée à la fin du siècle suivant et a subi, depuis, diverses transformations ou restaurations, dont la plus importante remontait au commencement du XVII° siècle. Sauf le clocher, dont la partie supérieure a été reconstruite en 1880, elle était, tout récemment encore, dans un état de délabrement complet qui a provoqué, en 1899, une souscription publique, dont le produit a permis de concourir, avec l'Etat, à sa complète restauration.

Cette restauration, aujourd'hui à peu près terminée, est l'œuvre distinguée de M. Roy, architecte diocésain, assisté de M. Tixier, architecte des monuments historiques, qui l'ont conduite avec un rare souci de l'exactitude et du style, et ont conservé à notre région l'une des plus belles pages de granit de cette sobre, personnelle et très originale architecture romane, au style vigoureux et puissant, où la fantaisie généralement absente du gros œuvre, prend sa revanche dans des détails de pure ornementation.

Dans son ensemble, l'église de Saint-Léonard est romane, mais présente plusieurs reconstructions ou additions des XIVe, XVIIe et XXe siècles.

Sa longueur est de 65 mètres, la largeur au transept, de 28^m,50 ; la voûte de la grande nef a 18^m,10 d'élévation ; celle de la coupole, 21 mètres ; la voûte du chœur, 21^m,10.

La nef. — La partie basse de la nef comprise entre le transept et le porche qui, dans le principe, était la porte principale et où se trouvait l'escalier du clocher aujourd'hui supprimé par la Restauration, marque la limite de l'église primitive. Les deux dernières travées du côté de l'ouest, privées de collatéraux, sont une addition de la fin du XIIIe siècle. Elles se terminaient par une façade et une porte en style roman, remplacées, à la même époque, par le portail ogival actuel.

Les murs latéraux contiennent de hautes arcades en plein cintre, où se voit, du côté du Sud, la croix de Mission, dressée en 1830, sur l'esplanade à côté du clocher.

Transept. — Le transept doit avoir fait partie de l'église du XIe siècle ; il est étroit et couvert de trois coupoles dont celle du milieu est ornée d'arcatures et percée de fenêtres qui donnent dans les combles. Elle était également surmontée d'un petit clocher qu'on a eu tort de détruire, où se trouvait la cloche aujourd'hui dans le grand clocher, qui sonnait les offices du chapitre collégial.

C'est par le transept sud que l'on accède aujourd'hui au clocher et aux voûtes, par un escalier en vis.

Le chœur, entouré de bas-côtés et de chapelles obsidales, est la partie la plus remarquable de l'église. Les bas-côtés suivant le principe généralement adopté, sont voûtés d'arêtes et les chapelles absidales voûtées en culs-de-four (demi-coupoles). C'est l'exhaussement de cette partie de l'édifice qui a nécessité l'empattement des gracieuses colonnes du déambulatoire, dans de massifs piliers (1603). Comme dans toutes les anciennes églises, il existait sous le chœur primitif une crypte ou chapelle souterraine, servant de sépulcre, qui fut murée et sans doute comblée, vers la fin du XIIe siècle.

Du côté du transept sud, la partie supérieure du chœur contient une petite tribune — ou triforium — qui, soigneusement murée au cours des travaux de 1603, était depuis cette époque ignorée de nos contemporains. Elle offre deux larges arcades romanes, géminées par deux colonnes accouplées, surmontées de chapiteaux byzantins et couronnées par le même tailloir. Cette tribune, dégagée à la dernière restauration, concourt fort gracieusement aujourd'hui, à la décoration du chœur.

Le maître-autel, que nous regrettons de ne pouvoir décrire plus amplement, est en bois sculpté et doré et peut remonter à l'époque de Louis XIV. Il se compose de cinq panneaux, dont les deux extrémités sont encadrés de pilastres à chapiteaux délicatement sculptés et représentant le roi Clovis et la reine Clotilde ; celui du milieu est destiné à recevoir la réserve eucharistique. Enfin, les deux derniers sont ornés de sobres et délicats ornements empruntés au règne végétal, qui peuvent symboliser les fleurs de lys que, dit-on, saint Léonard reçut du ciel, pour les donner à Clovis.

Ce rétable est surmonté d'une antique armoire ou cage de fer grillagé, fermant à trois serrures et où on conserve, dans des châsses, les reliques de saint Léonard.

Les stalles du chœur. — Les stalles en bois sculpté où la verve gauloise des artistes s'est exercée librement dans l'ornementation des accoudoirs et des miséricordes, présentent divers sujets empruntés à la fantaisie la plus irrévérencieuse et montrent, en des postures bizarres, des personnages et des animaux fantastiques de pure imagination. Elles sont disposées sur deux rangs le long des côtés du chœur, et comprennent des stalles hautes et basses. Elles remontent, paraît-il, comme celles de Solignac, au XV° siècle.

Le rétable de la chapelle Saint-Joseph. — Dans la première chapelle absidale de droite, se voit un rétable d'autel en albâtre, très curieux et très remarquable d'exécution. Il renferme en un cadre moderne de marbre blanc, cinq tableaux ayant pour sujet : L'Immaculée Conception ; l'Annonciation ; l'Adoration des Mages ; la Rédemption ; le Couronnement de la Vierge.

Ses deux extrémités contiennent des panneaux plus étroits, où se voient les images de saint Pierre et de saint Paul. M. le chanoine Arbellot fait remonter l'exécution de ces bas-reliefs à une époque antérieure au XV° siècle, car, dit-il, on n'y voit pas la triple couronne sur la tête du Père éternel.

Statue byzantine, vestige du tombeau de saint Léonard. Entraves de prisonnier. — Au fond du transept droit, une statue byzantine, d'un faire tout primitif, représente la Vierge et l'enfant Jésus. Cette statue, victime du badigeon qui a dégradé un si grand nombre de décorations de tous les âges, provient d'une ancienne chapelle, aujourd'hui disparue, « Notre-Dame-du-Puy-les-Vignes », près de Saint-Léonard. Surmontée d'un motif de sculpture trouvé sous les dalles de l'église, elle est face au mur ; la partie qui s'offre au public représente, gravé au trait, un personnage ecclésiastique. Elle mesure $1^m,40$ sur $0^m,44$.

A gauche, appendues sous une arcade à ogive à peine sentie, il faut un peu chercher les entraves symboliques de prisonnier, qui sont un don de la confrérie de Saint-Léonard.

Au-dessous, se trouve la partie supérieure du tombeau de saint Léonard. Ce couvercle, en marbre vert, accuse le XIe siècle par sa forme triangulaire, imitant la disposition d'un toit à double égout.

Croix reliquaire. — On conserve à la sacristie une petite croix de bénédiction en bois d'ébène, dont le piédestal contient une précieuse relique. Sur une lamelle d'argent, on lit cette inscription latine, en caractères romains du XVIe siècle et en abrégé : *De vestimento Beatæ Mariæ* : Du vêtement de la bienheureuse Marie.

Le tableau des lamentations de Jérémie. — Placé au-dessus du maître-autel avant la dernière restauration, se trouve aujourd'hui dans la nef, à droite, sur l'emplacement de la chapelle Sainte-Croix, aujourd'hui désaffectée. Il fut accordé par le gouvernement de Louis-Philippe, sur la demande de M. de Peyramont, député. Cette toile est l'œuvre du peintre Murat, né à Felletin (Creuse), qui était, il y a soixante-dix ans, un des élèves les plus distingués de notre école de Rome.

L'église de Saint-Léonard possédait d'autres objets très intéressants qui ont été dispersés. Parmi ces objets on peut citer, notamment : une fermeture en bois, composée de deux portières, dont les sculptures d'une conception étrange, pouvaient être comparées à celles des stalles du chœur ; une châsse en vermeil, précieuse par le fini du travail et la richesse de la matière, offerte par le roi Charles VII, et représentant le château de la Bastille. Ce reliquaire aurait été dérobé en 1789, après la prise de la formidable forteresse qu'il représentait.

Enfin, le *Bulletin de la Société archéologique du Midi de la France* décrit et reproduit une curieuse « pieta » du xve siècle, provenant de l'église de Saint-Léonard.

Vitraux. — Pour être bref, disons de suite que l'église de Saint-Léonard, moins heureuse que sa rivale d'Eymoutiers, n'offre à l'amateur de peinture sur verre que de modestes verrières blanches, qui laissent une clarté irritante et dure envahir l'enceinte, et ne répondent pas au style noble et puissant des belles fenêtres qui ornent son chevet. Sauf dans le transept sud, qui montre un vitrail tout moderne du reste, on ne trouve dans cette remarquable église, aucun vestige rappelant ces tableaux prodigieux aux tons multicolores qui se modifient à toutes les heures du jour, tamisent la lumière, et invitent au recueillement.

Ces verrières incolores, dont les armatures de plomb forment seules des dessins géométriques, sont un produit de toutes les époques dont le coût n'était pas très élevé. On peut donc attribuer cette disette de vitraux peints, à une cause toute pécuniaire.

Sinon, il faut peut-être se rappeler que le collège de clercs chargé de desservir l'église des saints Trophime et Léonard fut soumis à des chanoines de Saint-Augustin par le pape Eugène III, qu'au moins deux communautés de cet ordre furent soumises elles-mêmes à la règle rigoureuse de saint Benoist, qui prescrivait en architecture beaucoup de sévérité et dont notamment, les fenêtres sans couleurs étaient obligatoires. Ceci est une conjecture toute personnelle que nous donnons pour ce qu'elle vaut.

Le portail de l'ouest. — La façade de l'ouest, bien qu'élevée, dit-on, à la fin du xiiie siècle, à l'aube du gothique rayonnant, se distingue par une sobriété d'ornementation qui ne manque pas d'élégance et qui s'allie aux formes simples et robustes de l'architecture romane, qui caractérise tout l'édifice. Sauf ses deux gracieuses niches à arcades trilobées qui depuis longtemps vacantes, ont peut-être abritées les statues du roi Clovis et de sainte Clotilde, il ne présente rien des détails multiformes qui déjà portent en germe, les innovations si riches et si originales de l'âge prochain. Ce portail, comme l'abside, doit être admiré dans toute l'élégance de sa simplicité. Son vantail de bois vermoulu, s'abrite comme dans les églises qui ne sont pas très ornées, sous des voussures garnies simplement de tores qui se continuent dans les pieds droits sous forme de gracieuses colonnettes ornées de chapiteaux à crochets, dont les ornements se prolongent sous les niches latérales.

Une haute fenêtre de même style, sans divisions ni meneaux la surmonte, et marque l'emplacement de la rose ogivale habituelle.

Cette fenêtre repose sur un bandeau saillant sous lequel rient ou grimacent, ainsi qu'au pourtour de l'abside, des figures fantastiques empruntées aux traditions païennes, et employées surtout par les ornemanistes de l'ère romane. Au moyen âge, on voyait appendues à cette façade, les chaînes et les menottes que les prisonniers délivrés par les prières de saint Léonard, avaient suspendues à des attaches toujours visibles, en guise d'ex-voto.

Les vantaux vermoulus qui doivent être l'objet d'une restauration ultérieure, conservent également des empreintes de fers de chevaux, donnant lieu à une charmante légende, relative aux guerres contre les Anglais.

Le clocher. — L'un des plus remarquables de la région, s'élève devant le portail primitif qui s'ouvrait au bas de l'ancienne nef du côté du nord. La partie basse, comprenant le porche, le premier et le deuxième étages, est de style roman et présente la forme carrée préférée dès le xe siècle ; la partie supérieure gravement endommagée par la foudre, en octobre 1270, fut réédifiée sans doute en même temps que le portail de l'ouest, dans les dernières années du xiiie siècle, et reconstruite une deuxième fois pour vice de construction, dans son style primitif roman de transition et avec les mêmes matériaux, il y a trente ans environ.

Cette partie supérieure de la tour présente des dispositions très originales par la forme octogone de son couronnement. Le porche, jadis l'entrée principale, s'ouvre sous quatre grandes baies romanes ornées de grilles ; neuf massifs piliers formés de colonnes accouplées soutiennent les étages supérieurs. Ces colonnes sont ornées de chapiteaux habillés à la façon des ornemanistes de l'ère romane dont saint Bernard, le célèbre docteur de Citeaux, répudiait si énergiquement les figures grotesques et repoussantes.

L'Eglise de Saint-Léonard avant sa restauration

C'est sous le porche que l'on peut encore voir l'empreinte des pentures qui jadis formaient un cadre au « verrou légendaire » qui enlevé une première fois au xve siècle, fut de nouveau dérobé à l'époque où on remontait la partie supérieure du clocher. Ce travail d'antique serrurerie, que la tradition nous rappelle comme un objet précieux, sujet d'une grande vénération de la part de postulantes désireuses de nombreux rejetons, porte les traces de réparations successives et d'inscriptions en guise d'ex-voto, aujourd'hui illisibles sous la rouille des ans.

Sous le porche se trouvait également l'escalier en arcade montant au clocher supprimé par la récente restauration.

C'est avec le troisième étage que change l'architecture de ce remarquable clocher. Il présente sur chacune de ses faces un fronton triangulaire très allongé qui n'est autre que le gâble à surface plane de l'époque romane. Le dernier étage présente la forme octogonale, particularité généralement réservée aux flèches seulement.

L'abside. — Composée de chapelles heureusement groupées autour du chœur, montre la partie de l'édifice offrant le plus d'unité dans ses proportions architectoniques. Ses gracieuses chapelles, pittoresquement coiffées de vieilles tuiles, sous lesquelles se cachent des modillons ornés de figures grimaçantes ou de singes monstrueux, dans les positions les plus bizarres, rendent bien l'expression du grand style roman, dans toute sa plénitude.

Le baptistère. — En dehors de l'église, entre le transept nord et le porche du clocher par lequel on y accède, se trouve un curieux petit édicule, qui rappelle assez exactement le plan du baptistère de Novare (Italie). Il est formé de deux cercles concentriques. Autour du mur d'enceinte, règnent quatre niches semi-circulaires, séparées par huit colonnes engagées, auxquelles correspondent huit colonnes centrales ornées de chapiteaux frustes simplement ébauchés sur le chantier, et très justement qualifiés par le chanoine Arbellot, de chapiteaux épannelés.

A droite, en entrant, se trouve une petite chapelle orientée à l'est, qui dans le principe était l'autel dont l'usage était prescrit pour les cérémonies liturgiques du baptême.

Ce petit monument, à l'extérieur complètement ruiné, n'était depuis de longues années, que le squelette d'un édifice charmant qu'il fallut murer de toutes parts, pour en éviter l'effondrement prochain.

Ce n'est que depuis la récente restauration que, dégagé de sa prison de plâtre et de moëllons, le public est admis à visiter l'intérieur, aujourd'hui rajeuni et fortifié et tel qu'il était il y a environ neuf siècles.

Autour de Saint-Léonard

Tous les environs de Saint-Léonard méritent d'être parcourus. D'excellentes routes, parfois un peu raides, viennent se ramifier comme les branches d'un éventail, à l'enceinte circulaire de ses boulevards et conduisent le touriste qui ne craint pas trop de fatigue, dans des sites aux paysages larges et variés, laissant entrevoir de charmantes perspectives, déroulant à perte de vue des bois de châtaigniers tachetés de fermes, et où l'on découvre çà et là, cachés dans la verdure, des bourgs ou des hameaux silencieux qui semblent dormir à l'ombre de leurs collines.

Quelques-unes de ces promenades contournent la ville et commencent la franche campagne.

Au sud-est, la route de Beaufort conduit, par un chemin de traverse, à l'usine d'énergie électrique de Beaufort, qui distribue la lumière à la petite ville, et sert aussi de plage toute primitive, mais combien charmante et pittoresque aux baigneurs et baigneuses de l'endroit.

Du côté opposé, la route de Clermont offre aussi, à proximité, d'agréables promenades. Le courrier partant de l'hôtel du Grand-Saint-Léonard la parcourt matin et soir, et pourra conduire le visiteur à Sauviat, à la limite du département, ou le déposer à mi-chemin au bourg important de Moissannes, qui groupe le long du chemin vicinal son amas de tuiles rouges, parmi lesquelles ressort sa vieille et massive église romane étayée de puissants contreforts et décorée de portes gothiques gracieusement fleuronnées.

A quinze minutes de la ville environ, verdoie sur cette route le petit bois des Amours ou des amoureux. En face du moulin du Raca, un sentier s'ouvre, pénètre dans un petit taillis d'arbres clairs, qui domine un ravin profond, frais et ombreux, où le *Tard* cherche son cours à travers de petits rochers, coule, bouillonne, saute ou contourne les blocs de pierre et les roches moussues.

Ce charmant ruisseau, dans son trajet trop court, répand partout le charme et la fécondité. Sa délicieuse vallée, bordée de chênes et d'industries modestes auxquelles l'on accède par des ponceaux rustiques, offre des paysages exquis qui, tous, méritent d'être parcourus.

Il prend naissance sur le territoire de la petite commune de *Moissannes*, descend baigner à l'est la haute colline de Saint-Léonard, atteint bientôt le moulin *Sous-Champmain*, fait mouvoir en passant les moulins du *Fer*, du *Martinet*, *Pont-au-Puy*, au delà duquel il conflue avec la *Vienne*.

A quelques pas seulement, sur un plateau de 380 mètres d'altitude, s'étend la vaste propriété du « Temple », où s'élevait jadis une maison construite par les chevaliers Templiers, dans le but d'accomplir plus aisément leurs vœux à Saint-Léonard. Plus tard, ce lieu appartint avec son revenu à l'ordre de Malte. Dès 1673, on n'y voyait plus qu'une église et des masures.

En remontant le cours du *Tard*, au pied de la ville, un lieu appelé la *Maladrerie*, rappelle le souvenir d'une infirmerie qui existait au bord de ce ruisseau à une époque fort reculée.

Par la route de Limoges, on peut gagner *Royères-Saint-Léonard*, gros bourg de 650 habitants, sur une hauteur de 330 mètres d'altitude, qui domine la vallée de la *Vienne*. En face, sur le versant opposé, se dresse parmi les ombrages d'un parc magnifique, entre d'élégantes tourelles, le pavillon ardoisé du château de *Brignac*, à la famille Tandeau de Marsac, qui a vu naître quelques personnages historiques, parmi lesquels il faut citer : Foulques de Royère, abbé du monastère de Saint-Sernin de Toulouse, 1413, fondateur de l'hôpital Saint-Jacques, mort en 1455 ; Nicolas de Royère, tué à la bataille d'Evreux, 1562 ; Gabriel-Guy de Royère, qui épousa en 1610 Antoinette de Salaignac de La Mothe-Fénélon ; un Beaudéduit de Brignac commandait un vaisseau de guerre au siège de La Rochelle.

Sur cette même route, en face la fabrique de porcelaine, un chemin monte péniblement à *La Chapelle*, hameau agricole hautement assis à 407 mètres. C'est une ascension fatigante, mais qui déploie un merveilleux panorama sur toute la campagne environnante, et où l'œil s'intéresse à la recherche des multiples détails perdus dans l'immense horizon.

Un volume ne contiendrait pas les innombrables promenades qui parent la ville d'un immense tapis vert. Il faut donc se borner à indiquer rapidement et au gré du caprice, celles qui offrent le plus d'intérêt, et laisser à la fantaisie le soin de faire parcourir au touriste cette région charmante où il découvrira, à chaque pas, d'exquises demeures, oppulentes ou rustiques, la plupart flanquées de tourelles poétiquement coiffées de tuiles, qui pointent vers le ciel leurs clochetons hardis.

Ici, c'est le somptueux *Brignac*, dont nous avons parlé ; *Bas-Soleil*, *Landeix*, jolies propriétés modernes ; le calme et solitaire *Lussac*, élevé par le savant chimiste, qui cache sa blanche façade au fond d'épais taillis ; c'est le *Repaire*, invisible dans son abri feuillu ; *Gagne-Pot*, qui, vu du bon côté, prend au sommet d'un monticule l'allure d'un castel féodal ; là, c'est *Vernon*, où mourut, en 1822, Léonard Gay de Vernon, membre de la Convention et évêque constitutionnel.

La silhouette isolée du *Montgeoffre*, à la famille Germain de la Pomélie, entourée de collines lointaines, noires de chênes, déploie un immense panorama.

Sur l'autre rive, *Villejoubert* le regarde et marque l'emplacement, ainsi que les vestiges, d'un camp romain.

Voilà le *Masrévéry*, à M. Lagrange, au delà duquel point le petit village de *Pouyol*, où se trouve le dolmen du même nom. Il se dresse comme un champignon monstrueux non loin de la route, au milieu d'un champ cultivé.

Les pierres du dolmen de Pouyol auraient été apportées par la Vierge pour achever l'église de Saint-Léonard, mais, arrivant torp tard, elle les aurait laissées tomber en cet endroit de son ample tablier.

Plus loin, c'est la petite chapelle dédiée à Notre-Dame-de-La-Besse, pèlerinage d'antan, aujourd'hui bien délaissé, et qui nous a légué une légende charmante.

A quelques minutes de cette chapelle, sur la gauche, un étang fruste, étale sa nappe immobile, hérissée d'ajoncs et d'herbes aquatiques, non loin des débris informes qui furent le château féodal de *Beaudéduit*.

Il a été trouvé au village de *La Besse* des urnes de l'époque gallo-romaine.

Plus bas, *Le Mabaret* est une maison des champs entourée d'un domaine à une lieue de Saint-Léonard, dans la commune d'Eybouleuf. M. Anselme Mabaret du Basty, représentant de la branche aînée de la famille en est le représentant actuel.

Les Allois, dont le nom rappelle un monastère de filles fondé au XIIe siècle et où, en 1756, les Huguenots furent battus par le capitaine Vouzelle, assisté des gens de Saint-Léonard.

C'est aussi *Rigoulène*, dont les tourelles en poivrière mettent une tache rouge parmi les futaies vertes, mais qui observées de près, ne réalisent pas absolument les belles promesses de la perspective.

Enfin, c'est parmi tant d'autres que nous ne pouvons nommer, le pittoresque *Muraud*, dont la vieille tour, à moitié intacte, à moitié démantelée et festonnée de lierre, semble au confluent des deux rivières, une sentinelle avancée veillant sur les derniers débris de son altière alliée, l'*Artige*, dont il vit la splendeur et aussi l'agonie.

Ruines de l'Abbaye de l'Artige

On ne peut guère passer ou séjourner à Saint-Léonard sans visiter les ruines de l'abbaye de l'Artige, situées à l'Est, et distantes de quatre kilomètres environ.

Ce n'est pas par son architecture que cette vieille abbaye sollicite le visiteur. Sauf quelques rares débris qui offrent encore des traits, des détails, d'une élégance simple et grave, elle ne renferme rien dans son ensemble sévère, qui puisse vraiment charmer l'archéologue.

Si ces vieux débris, encore sous nos yeux, offrent quelque intérêt, c'est par le cadre admirable qui les enferme, où s'effritent lentement leurs ruines vigoureuses, et dont les vieilles pierres racontent l'histoire.

Hier encore, ces vestiges étaient envahis par les végétations parasites qui s'emparent des ruines pour en faire des œuvres d'art ; d'entre leurs pierres disjointes, s'élançaient des buissons touffus, des mousses bouchaient les trous, chaque cicatrice disparaissait sous un bandeau de verdure.

Aujourd'hui, grâce à une réparation partielle indispensable à leur conservation, le sourd travail du temps va marquer un temps d'arrêt parmi ces ruines suggestives ; ce grand sculpteur ou destructeur de l'antique édifice, va momentanément interrompre sa marche lente, mais sûre, dans son œuvre de dévastation.

Nous conseillons de se rendre à l'Artige par la route de *Beaufort*, qui offre à l'arrivée un panorama superbe, et permet de mieux apprécier la splendide situation de l'antique abbaye.

Après avoir franchi le passage à niveau, on remontera le cours de la Vienne en passant successivement devant les importantes manufactures de papier de *Farebout* et de *Sempinet*, actuellement exploitées par la Société des Papeteries du Limousin.

Bientôt on atteint le confluent de la *Maulde*, où on franchit de nouveau la voie ferrée ; on est alors aux moulins de l'Artige.

Ces antiques moulins, avec leur vieux pont ruiné, habillé de lierre, et qu'on devine à peine, forment avec l'immense rocher qui les domine, un paysage superbe et d'une grande fraîcheur.

Ce rocher, au pied duquel commence un chemin vicinal qui borde les rives agrestes de la Maulde, est couronné par l'antique et pittoresque château du *Muraud*.

Ce petit castel gothique, dont l'histoire reste à faire, perché comme un nid d'aigle sur ce rocher à pic, perpendiculaire à la rivière, regarde fièrement l'abbaye, dont peut-être jadis il a été vassal.

Il fut pris, en 1587, par les Huguenots, sous la conduite du capitaine Pamphile.

Cette antique demeure, comme l'abbaye, attire surtout l'attention par sa situation étonnante dans un site incomparable.

Le chemin s'allonge, serpente, resserré entre les sinuosités de la rivière et d'énormes rochers qui donnent à ce coin l'aspect d'une petite, toute petite Suisse, avec des collines,

Le Château du Muraud

des défilés abruptes, même sauvages. Dans une large courbe, formée par les eaux pressées d'atteindre leur confluent, se cache le gentil moulin de *Fontrénaud*, dont l'écluse enjambe hardiment les deux rives.

Quelques pas plus loin, au bas d'un coteau, s'ouvre un sentier pierreux qu'on devra gravir péniblement pour atteindre l'*Artige*.

A peine engagé dans ce sentier, on découvre les ruines du vieux monastère qui se dressent grises et mélancoliques sur les dentelures d'une immense saillie de granit inaccessible à cet endroit même qu'on vient de parcourir, et qui dominent une gorge profonde et tortueuse, dans un étroit et pittoresque méandre, décrit par les eaux limpides de la *Maulde*.

M. Camille Jouhanneaud, président de la Société archéologique du Limousin, a consacré à l'Artige une savante et très intéressante étude, où sa plume autorisée n'a laissé échapper le moindre détail. Il serait donc téméraire d'en essayer après lui, la moindre description ; nous nous bornerons simplement d'en résumer, à grands traits, l'histoire et le souvenir.

Au commencement du XVIIIe siècle, deux vénitiens : Marc et Sébastien, construisirent à l'Artige-Vieille, une petit oratoire où ils vécurent en ermites. Ils étaient entretenus par les chanoines de Saint-Léonard, qui leur fournissaient chaque jour la quatrième partie d'un pain bis.

En 1165, à la suite d'un meurtre commis dans la crypte sépulcrale de Saint-Léonard, et dont les auteurs furent pris dans la chapelle de leur ermitage, la petite communauté qu'ils avaient fondée se transporta sur une hauteur qui domine le confluent de la Vienne et de la Maulde, qui prit le nom de « l'Artige-Neuve ». L'Artige-Vieille, demeura après le départ des religieux, un bénéfice dépendant de l'ordre, et existait encore en 1489.

L'Artige paraît avoir observé fidèlement l'unité de plan adoptée pour les constructions monastiques, dont les bâtiments étaient ordinairement disposés autour d'une cour ou préau, de forme carrée ou rectangulaire.

Ces bâtiments devaient être solides et autant que possible en bonne pierre de taille, mais sans aucune superfétation, pas même d'autre clocher qu'un petit campanile, parfois en pierre et presque toujours en charpente. Selon certaines règles, ils devaient comme à l'Artige, être bâtis dans les solitudes « et nourrir leurs habitants par des travaux agricoles ».

L'église, dont le chevet est liturgiquement orienté, en forme le côté nord ; la sacristie, le cloître sur lequel devait s'ouvrir la salle capitulaire et peut-être le dortoir, s'étend à l'est ; tant qu'à l'aile du couchant, si on veut voir dans l'ensemble des restes encore debout, toute l'ampleur des constructions primitives, on devra nécessairement lui attribuer un assez grand nombre de pièces ordinairement consacrées à l'usage de la vie monastique. Toutefois, il n'est pas absolument démontré qu'il n'existait pas du côté du midi, à une époque lointaine peut-être, une construction fermant le préau de ce côté, et contenant le réfectoire ordinairement en opposition avec l'église, ainsi que la bibliothèque. Le type commun adopté pour la construction des bâtiments claustraux fidèlement observé au cours des siècles, ainsi que les substructions que l'on observe au midi, semblent le confirmer. Dans cette hypothèse, l'aile du couchant pouvait contenir les magasins, le parloir, ainsi que la cuisine. Tous ces vieux bâtiments sont depuis longtemps transformés en établissement agricole, dont l'entrée unique se trouve derrière le chevet de l'église et se prolonge jusqu'au midi, où elle forme avec les jardins, une vaste terrasse de laquelle on jouit d'un merveilleux coup d'œil sur la creuse, agreste et solitaire vallée, au fond de laquelle la Maulde, aux rives capricieuses, serpente dans un cadre attrayant, fait de collines bleues, entre des verdures d'une nuance douce et brillante.

L'extrémité sud de cette terrasse, marque l'emplacement de souterrains sans doute inexplorés que l'opinion publique fait communiquer avec celui du Muraud ? Toute ruine mérite une légende ! et peut-être celle-ci n'est pas invraisemblable.

En 1896, avant la toilette minutieuse qui nous a tant soit peu changé l'aspect de l'antique abbaye, alors que les frondaisons vigoureuses enlaçaient de toutes parts ses vieux débris et tissaient des rideaux verts aux fenêtres béantes, on pouvait voir une pierre tombale appuyée au mur d'un bâtiment aujourd'hui ruiné qui s'élevait au devant du cloître. Cette pierre, qui existe toujours, mais qui a été transportée ailleurs, porte l'inscription suivante, que nous avons dessiné avec attention à cette époque :

FP ⁝ P ⁝ BRICII ⁝ S ⁝
†

Le D retourné formant la quatrième lettre du nom, est un C du XIIIᵉ siècle. Il faut donc lire Bricii.

Des nombreuses fouilles pratiquées à l'Artige, nous n'en connaissons qu'une couronnée de succès ; de même on ne peut y trouver qu'une seule tombe exhumée servant aujourd'hui de bac à une fontaine à gauche de l'entrée, et qui à l'époque où nous parlons voisinait de compagnie avec la pierre déjà citée dans la cour de la ferme.

N'est-il pas permis de supposer que dalle et tombeau formaient la même sépulture, et que ce dernier contenait les objets trouvés et vendus et non acquis, ainsi qu'on l'a prétendu, par un négociant de Saint-Léonard, ancien propriétaire de l'Artige. Les autres dalles descellées et disséminées au hasard des réparations urgentes, ont fait perdre l'emplacement des inhumations qu'on y assure nombreuses.

Le sentier, empierré de silex tranchant, que nous avons indiqué pour monter à l'abbaye, s'efface doucement au sommet du côteau, parmi les herbes et les cultures. A droite, point le petit hameau de Lagrange ; à gauche, le regard s'arrête sur un long bâtiment aux angles solides de granit, couvert en tuiles et privé depuis longtemps de son pinacle, c'est la chapelle, aujourd'hui transformée en grange.

Cette chapelle, absolument dépourvue de faste décoratif et dont la pieuse destination ne s'indique à l'extérieur que par de rares et étroites ouvertures ogivales, contient cependant une porte élégante et de bon style, dont la double archivolte ornée de besants et de denticules, est divisée par un tore qui se continue dans les pieds-droits, sous forme de colonnettes.

Le chevet est percé d'une haute fenêtre ogivale, dont la capacité intérieure était divisée par des traverses de pierre ou meneaux et qui n'offre plus d'intérêt.

Du côté du midi, donnant sur le préau, se remarque la base du petit pinacle ou clocheton, qui partageait le bâtiment en deux parties à peu près égales. A gauche, une petite porte jadis exclusivement réservée au service des moines, donne accès dans la chapelle.

L'intérieur est également séparé en deux parties inégales par un mur de refend d'aspect très vieux, mais auquel on ne pourrait donner qu'un âge fantaisiste. Il indique sans doute une transformation apportée dans le but de réduire les dimensions du sanctuaire, à l'époque où l'abbaye commençant à péricliter, ne recrutait plus de moines en nombre suffisant.

Cette chapelle étant liturgiquement orientée, c'est naturellement dans la partie de l'est où on célébrait encore le culte à de certaines occasions il y a un peu plus d'un demi-siècle, et qui est actuellement la partie la plus difficile à visiter que se trouve tout l'intérêt.

A cette époque et depuis longtemps peut-être, l'église n'ayant plus son clocher, il était d'usage d'appeler à l'office les fidèles des villages voisins, à l'aide d'un instrument sonore qui était ordinairement un chaudron, sur lequel un moine, armé d'un bâton, frappait à coups redoublés ?

A droite du chœur, en entrant par la petite porte ajoutée au chevet pour les besoins de la ferme, se voient les débris d'un caveau funéraire, ayant contenu le tombeau des fondateurs de l'Artige. Ce caveau, disposé sous une arcade ogivale, ménagée dans l'épaisseur du mur, rappelle, par sa disposition, les monuments arqués des catacombes qui se rencontrent fréquemment Ces arcades sont ordinairement décorées de diverses moulures propres au style auquel elles appartiennent, et reposent généralement sur des colonnes. Ce monument, maintenant incomplet et dégradé, n'offre plus qu'un médiocre intérêt.

L'inscription glorifiant la mémoire des bienheureux Marc et Sébastien, a été transportée au Musée Adrien-Dubouché, à Limoges.

Faisant face à cet antique monument, il faut voir deux crédences accolées, de forme ogivale, avec tore ou boudin décorant les arcs et formant dans les pieds droits des colonnes surmontées de chapiteaux à crochets dont le genre caractérise le style généralement usité dans notre coin de province.

Ces crédences ou niches, présentent une tablette sur laquelle on déposait pendant l'exercice du culte, les burettes, le bassin et l'essuie-mains. Leur partie inférieure est percée d'un trou en forme de cuvette ou piscine pour l'écoulement de l'eau ayant servi pendant l'office. Ces édicules rappellent

L'Artige — Le Cloître

les deux tables placées à droite et à gauche des autels du rit grec.

Le cloître qui se dessine en relief sur un fond de verdure montre, avec la chapelle dont on vient de parler, les menues épaves de cette architecture au caractère solide, logique et sobre que nos aïeux savaient si bien imprimer à leurs créations, et qui offrent encore un réel intérêt à l'amateur du passé.

Seule, la partie intérieure est toujours debout et présente de belles arcades ogivales, reposant sur des colonnes courtes et trapues, à chapiteaux sobrement fouillés. Ces arcades supportaient, il y a peu de temps encore, tout un pan de mur de l'étage supérieur percé d'ouvertures à plein cintré. Ces vestiges relativement importants de ce côté, font supposer que peut-être, la main de l'homme n'est pas étrangère à l'œuvre du temps, et a pu contribuer, puissamment, à la destruction de la partie extérieure.

Aujourd'hui, nettoyé, dégagé de tous les vieux matériaux qui l'encombraient, il se montre grave et plein de noblesse, d'une admirable couleur de ruine, encadré d'une végétation luxuriante et sauvage qui pousse vigoureuse jusqu'au faîte de ses vieux murs. Avec ses colonnes basses et massives, surmontées d'élégantes arcades, il semble l'expression de l'art ogival naissant, encore imprégné de la sobriété romane.

Le bâtiment de l'ouest, aujourd'hui peu significatif par suite des transformations qu'il a dû subir et dont l'affectation première est problématique, offre les mêmes dimensions à peu près, que la sacristie et le cloître ; il sert actuellement d'habitation au colon et à sa famille.

Ces bâtiments composent les trois côtés d'un carré formant le préau, dont un bâtiment d'égale dimension à la chapelle, composait peut-être le quatrième du côté du sud.

A l'extrémité de ce bâtiment présumé, du côté de l'est, s'est élevée plus tard probablement la tour dite « de Bony », dont on ne peut parler que sous forme de conjecture. Cette annexe, dont la ruine permet à peine d'en discerner le style, et qui pourtant semble un décor parmi ces vigoureux débris aux lignes sévères et brèves, dont l'architecture ne comporte rien d'inutile, a pu être élevée pour contenir l'escalier donnant accès au logis du prieur réservé sur le bâtiment disparu.

Cette tour, complètement démantelée, contient encore les vestiges d'un escalier en pierre et montre au-dessus de la porte en accolade, un écusson portant de gueules à trois besants d'argent, deux en chef et un en pointe, qui sont les armes de la famille de Bony de Lavergne, dont plusieurs membres ont été prieurs de l'Artige.

Le préau ou cour intérieure, se trouve compris entre les trois bâtiments qui viennent d'être décrits ; il s'ouvre au sud, dans presque toute sa largeur, sur un jardin dont il est séparé par une simple grille.

Cette cour est ombragée par quatre ifs majestueux plus que centenaires, sinon contemporains, des premières constructions, ainsi que le veut la tradition. La disposition de ces arbres s'élevant au centre et formant berceau, ainsi que l'âge vénérable qu'on leur accorde, n'ont pas manqué d'exciter la convoitise de l'un des derniers propriétaires qui, en 1897 ou 1898, fit opérer sur leur emplacement une fouille infructueuse.

A l'insu des nombreux intéressés, le sol de l'Artige a été retourné de fond en comble par les divers propriétaires qui s'y sont succédé, et nous avons des raisons de croire que certaines de ces recherches ont été plus ou moins couronnées de succès.

Le but des moines qui vécurent une aussi longue période dans ce coin de terre ignoré et d'une si exquise fraîcheur, était des plus modestes et tendait simplement à la prière, la vie austère et contemplative. Leur érudition toute primitive était loin d'égaler la science des Bénédictins, car la culture intellectuelle n'était nullement recherchée à l'Artige, et on y admettait peut-être des religieux non initiés à la langue latine. On ne peut donc, en aucune façon, les associer à ces moines constructeurs, orfèvres, émailleurs, qui transcrivaient les livres saints et enrichissaient leurs manuscrits de miniatures, qui parlaient la langue latine, et qui nous ont transmis le peu qui s'est conservé de la civilisation antique.

Leur communauté fut soumise à la règle de saint Augustin, au moins à une certaine époque et pendant fort longtemps on y pratiqua une règle très austère. Leur habit devait être blanc, fort simple et même pauvre. Un des derniers prieurs, Jean Bony de Lavergne, est dit moine blanc dans un ancien document.

Fondée primitivement à l'Artige-Vieille, dans les premières années du XII° siècle (1106), le changement de résidence par suite de la profanation du sanctuaire, eut lieu probablement vers l'année 1174. L'église fut consacrée le 7 avril 1198.

Le XIII° siècle a été certainement la période de grande prospérité pour le monastère, puis survinrent les revers, déprédations, pillage à main armée ; saccagé et détruit en 1422 et 1461, il fut reconstruit en partie vers 1569.

Le début du XV° siècle marque le commencement de sa décadence ; à cette époque, la communauté se recrutait difficilement et, dès 1564, elle avait dû aliéner une partie de son temporel.

Au commencement du XVIII° siècle, la décadence complète de l'Artige n'était plus qu'une question de temps.

En 1793, les immeubles furent mis en vente à la requête du district de Saint-Léonard, et ont appartenu successivement à MM. Dupetit, Constant, Cassin-Aventurier, Rivet et Léonet, qui en est le propriétaire actuel.

Au mois d'août 1909, de nouveau nous avons visité l'Artige. Ainsi que nous l'avons dit au début, ses vieux murs ont été grattés, cimentés, restaurés, et n'ont plus qu'à lutter contre les efforts d'une végétation active, contre la nature, qui, patiemment, sans se lasser, reprendra bientôt les lieux que l'homme a quittés, et restituera à la poétique abbaye, pour une longue période encore, sa pittoresque physionomie.

Rendons ici un hommage mérité à l'esprit conservateur de M. Léonet, mais regrettons toutefois que la restauration soit restée incomplète. La petite église, en effet, dresse toujours sa silhouette archaïque parmi ces vestiges rajeunis et cependant le temps presse, bientôt il ne sera plus temps ; dès demain peut-être, ses antiques murailles, dévorées de vieillesse, auront laissé tomber leurs derniers fragments.

Parmi les changements ou modifications observés à cette dernière visite, il faut citer : le tombeau servant de bac, de gauche est passé à droite de l'entrée ; un grossier bénitier de granit que, peut-être, nous n'avions pas remarqué, est en sentinelle au chevet de la chapelle ; sur l'emplacement d'un petit bâtiment attenant à l'église du côté du Nord, et qui, à l'origine, a pu être affecté au portier, on déblaie des matériaux provenant des bâtiments ruinés.

Parmi ces vieux débris, nous avons remarqué des pierres tombales qui, placées au-dessus du niveau du sol, n'indiquent aucune sépulture ; un bénitier de granit, identique à celui de la cour ; des fragments de briques ouvragées et vernissées, provenant du pavage de la chapelle, ainsi que quelques pièces de monnaie de cuivre de différentes époques.

Le jour baisse, notre visite est terminée, et nous pensons que nul touriste ne regrettera cette excursion dans ce site sauvage et presque incomparable. Là-bas, à l'Occident, le soleil déjà descend à l'horizon et dore de ses derniers rayons les combles du Muraud dont les vitres étincellent. Le silence se fait plus impressionnant et bientôt, la silhouette mélancolique de la grise abbaye s'estompera vaguement dans les lueurs diffuses du crépuscule pendant qu'au fond de la creuse vallée, la rivière argentée aux rives indécises réfléchira doucement l'astre silencieux de la rêverie et du mystère.

Pour le retour, il faut, en quittant l'abbaye, prendre le premier chemin qui s'offre sur la gauche. Ce chemin dévale rapidement jusqu'aux vieux moulins et à la route de Saint-Léonard, qui, par la droite, conduit en quelques minutes à la petite halte de *Farebout*. Là, ami touriste, attendez le passage du train de 6 h. 43, qui vous ramènera directement à Limoges, ou vous déposera, si vous êtes de loisir, à la petite ville de *Saint-Léonard*, où vous trouverez facilement bon souper et bon gîte.

LANGLADE.

Art Décoratif
Art du Feu

5 bis, BOULEVARD CARNOT

LIMOGES

◊ ◊ ◊

P. BONNAUD

Dépositaire exclusif des Bijoux de Lalique, Miault, Augis ; les Pâtes de Verre de Décorchemont, Daum ; les Grès de Decœur ; les Céramiques de Lachenal, Mougin ; les Terres cuites de Chastenet, Deschamps, Mme de Luneux, Rambosson ; les Ferronneries de Brandt ; les Métaux repoussés de Scheideker ; les Cuirs repoussés de Mlle de Félice ; les Emaux de Bonnaud.

Exposition Permanente ◊ ◊ des Œuvres ◊ ◊ des Artistes Limousins

Visiter la Maison ◊ ◊ ◊ ◊ ◊ ◊ ◊ ◊ des Artistes Boulevard Carnot, 5 bis

A la Renommée des Massepains

Fraises et Pruneaux de Saint-Léonard — Vins fins et Liqueurs — Dragées et Boîtes pour Baptême

ANCIENNE MAISON THOMAS

C. PETITJEAN, Successeur

PATISSIER-CONFISEUR

Seul fabricant du vrai Massepain de Saint-Léonard

Place Gay-Lussac (en face l'Église) SAINT-LÉONARD (Haute-Vienne)

Hôtel de la Boule d'Or

Adrien CUINAT, Propriétaire

SAINT-LÉONARD (Haute-Vienne)

Etablissement remis à Neuf

RECOMMANDÉ AUX VOYAGEURS & TOURISTES (T. C. F.)

OMNIBUS A TOUS LES TRAINS

MÉDAILLES ET GRAVURES

≋ ≋ ≋ Vie de saint Léonard ≋ ≋ ≋

CAFFIOT Jeune

--- 2, Place de la République ---

SAINT-LÉONARD (Haute-Vienne)

Cartes · Postales · Artistiques

BRASSERIE
SEIDENBINDER

FONDÉE EN 1859

SAINT-LÉONARD (Haute-Vienne)

FABRIQUE D'EAUX GAZEUSES

Machine à Glace

Bières non alcoolisées, fabriquées **exclusivement** avec des Malts et des Houblons de premier choix, sans aucun **antiseptique**. Exemptes de **glucoses**, mélasses, sucres dénaturés, etc.

BOISSON SAINE ET RAFRAICHISSANTE

Soignez-vous avec les Plantes

Michel Compain

Herboriste diplômé de 1re classe
de la Faculté de Médecine et de Pharmacie de Lille

Trois Médailles : Or, Argent et Bronze aux Concours de Paris

SPÉCIALITÉ DE :

Bandages, Ceintures ◊ ◊ ◊

◊ ◊ ◊ ◊ **Bas pour Varices**

Injecteurs, Irrigateurs, Tubes en Caoutchouc

16, Rue des Taules — LIMOGES

USINE MÉCANIQUE

FABRIQUE DE MASSEPAINS

GOUTEZ ET COMPAREZ

Fraises et Pruneaux de St-Léonard, Pâtisserie, Confiserie

GLACES ET SORBETS

 Exposition Culinaire d'Alimentation 1903 **MEMBRE DU JURY**

Bordeaux, Méd. d'Or 1903 — Limoges, Méd. d'Arg. 1903

A. BEAURE

Ancien Ouvrier des Maisons Frascati, Thiboust et Julien de Paris

Place de la République et Rue de la Révolution, SAINT-LÉONARD (Haute-Vienne)

Cuisine sur Commande

Fournitures pour Lunchs et Soirées — Spécialité de Petits Fours

PATÉS DE VOLAILLE ET DE GIBIER EN CROUTE ET EN TERRINE SUR COMMANDE

Cartes Postales Illustrées

Edition des Vues de Saint-Léonard et des Environs

Grand Choix de Cartes Postales artistiques
(BROMURE - CELLULOID - PEINTURE A LA MAIN)

Mme CHILLOU-DUMAS

RUE GAY-LUSSAC

SAINT-LÉONARD (Haute-Vienne)

LIBRAIRIE - PAPETERIE - JOURNAUX & PUBLICATIONS

Dépositaire du "Guide de Saint-Léonard"

DÉPOT DE COURONNES MORTUAIRES

Les Commandes d'Imprimés de toutes sortes pour

l'Imprimerie Nouvelle
DE LIMOGES

sont reçues chez Mme Chillou-Dumas

TRAVAUX ARTISTIQUES
EN NOIR & COULEURS

BICYCLETTES

Machines à Coudre

Armes de Tir de Chasse et de Guerre

L. MOURET Napoléon

Saint-Léonard

Maison de confiance, la plus ancienne pour les Machines à Coudre

BICYCLETTES DE TOUTES MARQUES

à des Prix défiant toute concurrence

ACCESSOIRES, FOURNITURES & RÉPARATIONS SOIGNÉES

pour Machines à Coudre, Bicyclettes, Armes

Mécanicien du Touring-Club de France

Café du Point-du-Jour

Georges DESSAGNE

SAINT-LÉONARD (Haute-Vienne)

CONSOMMATIONS DE PREMIER CHOIX

Réunion de MM. les Voyageurs

Pruneaux et Fraises
○ ○ de Saint-Léonard ○ ○

Gérald Frères

SAINT-LÉONARD (Haute-Vienne)

PHARMACIE CENTRALE

J.-B. RÉGNIER Pharmacien Chimiste

10, Place de la République, SAINT-LÉONARD (Haute-Vienne)

Pharmacie d'ordonnances — Produits supérieurs aux prix les plus modérés

---

Tailleur sur Mesure

A. BETOULE

— Coupeur diplômé —

Place Gay-Lussac (1er étage) SAINT-LÉONARD (Haute-Vienne)

Travail soigné. — Prix modérés

Décoration, Peinture, Vitrerie, Glaces, Vitraux, Dorure
PAPIERS PEINTS, BAGUETTES ET ENCADREMENTS
Imitation de Bois et de Marbres, Fausses Moulures

F. NOUAILLAS

2, Boulevard Champmain, SAINT-LÉONARD (Haute-Vienne)

Confections, Tissus, Mercerie

BOUTET Sœurs

Rue des Etages · SAINT-LÉONARD

SPÉCIALITÉ DE CONFECTIONS POUR ENFANTS

Hôtel et Café Valière

Valade et Valadas

Boulevard du Champ-de-Mars, SAINT-LÉONARD (Haute-Vienne)

Noces et Banquets, Spécialité de Tripes à la mode de Caen, Consommations de marque

---

TYPOGRAPHIE - LITHOGRAPHIE

Fabrique de Registres

IMPRIMERIE NOUVELLE

Place Fontaine-des-Barres, LIMOGES

Téléphone 3-20

Impressions de Luxe
Travaux Artistiques

Grand choix de Papeterie Deuil et Fantaisie

Pompes Funèbres Générales

SERVICE
DE
SAINT-LÉONARD & ENVIRONS

Bureaux à Saint-Léonard : **PLACE DE LA RÉPUBLIQUE**

RIGOUT, Représentant

Bureaux a LIMOGES — (Téléphone 10) :

9, BOULEVARD LOUIS-BLANC, 9 — 6, FAUBOURG MONTJOVIS, 6

DUFÉTELLE, Directeur

RÈGLEMENT COMPLET DES CONVOIS
et des Cérémonies Religieuses

CORBILLARDS - FOURGONS - TENTURES - CATAFALQUES

Organisation de Funérailles
et Transports de Corps

dans toutes les Communes des environs

Sur demande des familles, un employé se rend à domicile avec photographies et tarifs, se charge de toutes les démarches à l'Eglise, à la Mairie, au Cimetière, etc.

CERCUEILS CIRÉS, VERNIS, ZINGUÉS, PLOMBÉS

Spécialité d'Intérieurs Capitonnés

COURONNES MORTUAIRES
aux Prix les plus réduits

TABLE DES MATIÈRES

GRAVURES

Vue panoramique de Saint-Léonard	9
Vue panoramique du Pont de Noblat	12
Carrefour Gay-Lussac	37
L'Eglise de Saint-Léonard	46
Le château du Muraud	53
L'Abbaye de l'Artige (le cloître)	58

Renseignements divers sur les communes du canton	3 et 4
Chemin de fer, Hôtels	5
Avant-propos	7 et 8
Trajet de Limoges à Saint-Léonard (coup d'œil général du Pont de Noblat)	10 et 11
Le faubourg de Noblat	11 à 14
Origine de Saint-Léonard	14 à 16
Plan de la ville et sa légende	16 et 17
Les anciennes fortifications, les boulevards, promenade circulaire	18 à 26
Armes de Saint-Léonard	27
Aspect général de la ville, industrie, écrivains, hommes célèbres	28 à 33
Parcours intérieur	33 à 40
L'Eglise	40 à 48
Autour de Saint-Léonard	48 à 51
Ruines de l'Abbaye de l'Artige	51 à 62
Annonces diverses	63 à 75

Limoges. — IMPRIMERIE NOUVELLE, Place Fontaine-des-Barres.

www.ingramcontent.com/pod-product-compliance
Lightning Source LLC
LaVergne TN
LVHW020942090426
835512LV00009B/1678